Da Pintura à Poesia

Teresa Félix Monteiro

2022

Copyright © 2022 Teresa Félix Monteiro

Todos os direitos reservados.

Edição: EMIND (info@emind.pt)

ISBN: 9798363329357

Índice

Dedicatória 5

Da Pintura à Poesia 11

Eu Gosto de Poesia 13

Aguarelar 17

Profissão 19

Professor 23

Abraço 25

Aos meus pais 29

O Mundo é Lindo 31

Amor à Primeira Vista 33

Chegou e Disse 35

Miguel 37

O Principezinho 39

Natal 41

Fuga para o Egipto 45

Jesus Cristo 47

Maria, Nossa Mãe 49

A Vida é Cheia de Nada 53

A São João Batista 55

São João Batista 57

São Rosas, Senhor 59

S. Francisco de Assis 63

Outono 65

O Tempo Passa 67

Parabéns 71

Damas 73

O Anjo da Guarda 75

A Minha Cidade	77
A Pedra	79
As Flores da Primavera	83
Queda de Amores	85
Que Pena!	87
As Forças da Natureza	89
Estações do Ano	91
Só para ver	93
Cavalo Beirão	95
Em Fuga!	97
Lago de Cisnes	99
O Canto do Passarinho	101
Voa, Voa Borboleta	103
Farol	105
À Beira do Mar	107
Perdido na Praia	109
Cantinhos do Lar	111
De Cabaça a Menina	115
Amanhecer	119
Pôr do Sol	121
Entardecer	123
Lindas Flores	125
Orquídea	127
Girassol	129
Saudade	131
Livro ou Caderno	133
Agradecendo	135
Tirar o Chapéu	139

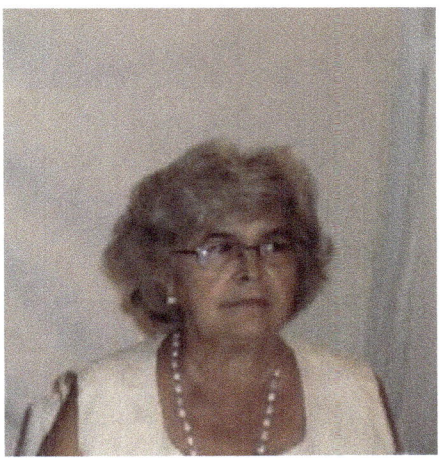

Teresa de Jesus Lamegal Félix Monteiro nasceu em 1952, na Freguesia de Pera do Moço, concelho de Guarda, onde reside.

Frequentou diferentes escolas nesta linda cidade da Guarda (Primária, Liceu, Escola do Magistério Primário e Instituto Politécnico da Guarda) onde fez Bacharelato e Licenciatura em (Organização e Intervenção Sócio-Educativa). Desistiu do curso de Direito em Coimbra, por falta de saúde.

Exerceu funções docentes em várias escolas primárias e C.P.T.V.
Terminou a docência em 2004 e depois inscreveu-se e frequenta diferentes atividades na Academia Sénior, porque *o aprender e conviver deve ser até morrer!...*

Dedicatória

"O maior erro do homem é o esquecimento"

(Merlim, conselheiro do Rei Artur)

Tudo o que se vai fazendo é passado e muito dele vai caindo no esquecimento, mas há sempre alguém e ainda bem, que tente contrariar esta afirmação tão verdadeira...

A Academia Sénior da Guarda tem promovido atividades muito salutares, agradáveis, diversificadas e promotoras de bons convívios, bons relacionamentos, amizades duradouras...

Nelas se têm feito muitos trabalhos originais, engraçados, variados, úteis e que poderão ser lembrados, mostrados e apreciados no futuro, se deles houver algum registo!...

Lançaram o desafio e eis-me aqui a dar resposta ao mesmo.

Há bastantes poemas feitos, esquecidos, perdidos, oferecidos, ... procurei e encontrei alguns que decidi trazer até este pequeno e simples livrinho!... Desta forma dou a conhecer alguns momentos difíceis e outros mais agradáveis da minha vida, que considero uma peça de teatro onde não são permitidos ensaios. Segundo Charles Chaplin, saibamos aproveitar o melhor dela, cantando, dançando, rindo, chorando e vivendo-a intensamente antes que se feche a cortina e a peça acabe sem aplausos!...

A vida ensina-nos tanto!... mas com fé, um sorriso, um silêncio e uma certa indiferença vão-se ultrapassando tantos obstáculos!... Talvez este lema possa ajudar alguém a conviver com as contrariedades da vida que vão aparecendo nesse palco que pisamos e nem sempre damos conta que estamos a figurar...

Na pintura, fui fazendo uns quadros simples, pequenos, outros maiores e com temas bem variados. Fui distribuindo ao longo dos anos e nem todos fotografei, mas daqueles que registei, mostro alguns para mais tarde eu poder recordar, quem este livro folhear e quem pela Academia Sénior e Biblioteca passar…

Tive como minhas mestras, na pintura, pessoas admiráveis, como Evelina Coelho e Graciana Cruz, a quem deixo o meu abraço e o meu agradecimento.

Em relação ao gosto pela poesia, não devo esquecer a saudosa professora da escola primária Alexandrina Cavaleiro, que mais tarde encontrei na Academia Sénior da Guarda, onde nos transmitiu muito do seu saber acerca de Poesia.

Agradecer é uma obrigação. Dedicar é uma devoção!...

Para todos aqueles que, à minha volta, contribuíram para que estes meus hobbies se concretizassem e este livrinho pudesse ser editado: Famíliares, amigos, professores e colegas da Academia e tantos outros com quem convivo e me cruzo no dia-a-dia …

O meu abraço sincero e obrigada

Teresa Félix Monteiro

Deus quer, o homem sonha, a obra nasce...
(Fernando Pessoa)

Escrever foi uma fuga,

Para poder recordar

Alguns bons e maus momentos

em que não pude falar!...

Foi surgindo uma ruga

E outra logo a seguir!

Feriram meus sentimentos

E nem me quero lembrar!...

Sem querer engoli sapos,

Sem nada poder fazer!

Vi montanha parir ratos

Injustiças são diárias

Pestes que não são malárias!

Só já se fala a mentir!...

Mas em que mundo estamos?

Santo Deus, tanto pecamos!...

Estamos num mundo louco...

Os valores vão aos poucos....

O que resta afinal?

Mentiras, o pior mal.

Já tudo se perverteu!...

O bem deixou de existir...

O mal é que prevalece

O mundo está perdido!...

Ai Senhor, que se merece?!

Deixemos as coisas más

Entregues a Barrabás

E falemos de beleza!

Há tanta na natureza!

O perfume e a cor,

Os selvagens animais,

Os domésticos leais...

O sol com o seu calor!...

Um dia eu vou lembrar,

Pois recordar é viver.

Aqui as quero pintar

Não as deixando morrer!...

Da minha mão vão saindo

Simples e poucas pinturas.

Fico contente e rindo

Por dar a pessoas puras!...

Este gesto faz-me bem!...

Já dizia a minha mãe:

Faz bem sem olhar a quem!...

Pois do mal, nunca vem bem!...

Estas são palavras lindas

De quem muito me amou

E vou já dando por findas

As rimas que encontrou.

Quando pinto uma tela

Faço poema p'ra ela!...

Mas se poema fizer

Sai um quadro, podem crer!...

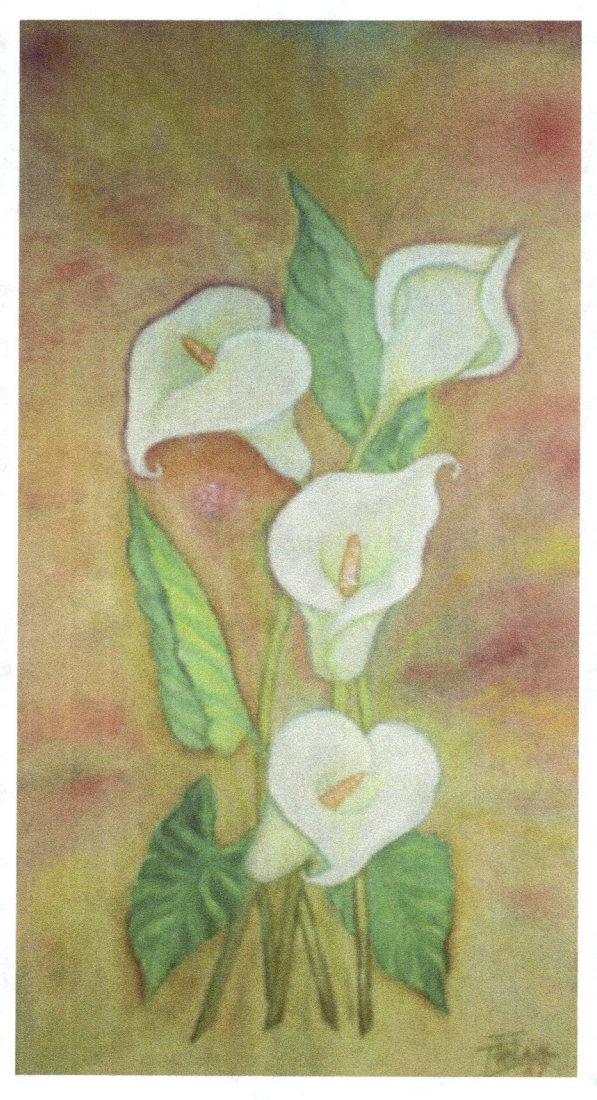

Da Pintura à Poesia

Da pintura à poesia

Vai um passo de pardal!...

Se o pardal não dá passo,

Seria pura heresia

À arte não dar aval.

Dai aval, como eu faço!...

Tenho por hobbies pintar

E dar uns belos passeios.

Também gosto de tocar

E de fazer entremeios!...

O tempo dá para tudo…

Saiba eu aproveitar.

Com renda ou no jardim,

Bordar e acompanhar,

Saber ouvir e rezar,

Até mesmo costurar!...

Tentarei até ao fim

Dar a mão e ajudar

A quem me queira amar...

Respeitar e procurar!...

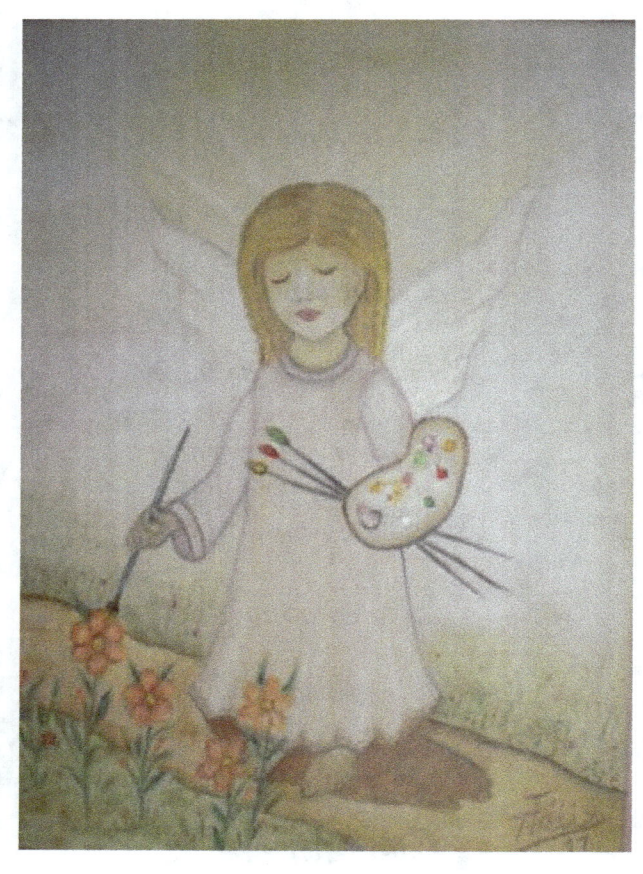

Eu Gosto de Poesia

Eu gosto de poesia
Desde a minha meninice.
Mostrem sua cortesia,
Não digam que é tolice!...

Já na escola primária,
Eu decorei um poema.
Apesar de solitária
Ainda lembro o tema.

"Menino de sua mãe",
Poesia de Fernando.
Muito cedo, p'ro além!...
Um jovem foi abalando.

José Carlos de seu nome
"Menino da sua mãe"
Almeida de sobrenome
E com Godinho também...

E depois deste poema,
Outros lá fui decorando...
E tema atrás de tema
São muitos que vou lembrando...

Este meu gosto nasceu,
Por causa da professora
Que vi partir par' o céu...
Grande, grande tal Senhora!...

A gentil Alexandrina
Depois de aposentada
Voltou a tratar da rima
Na fase de jubilada!...

Aluna, colega, amiga

Assim ela me tratava…

Amizade bem antiga

Que aqui já acabava!

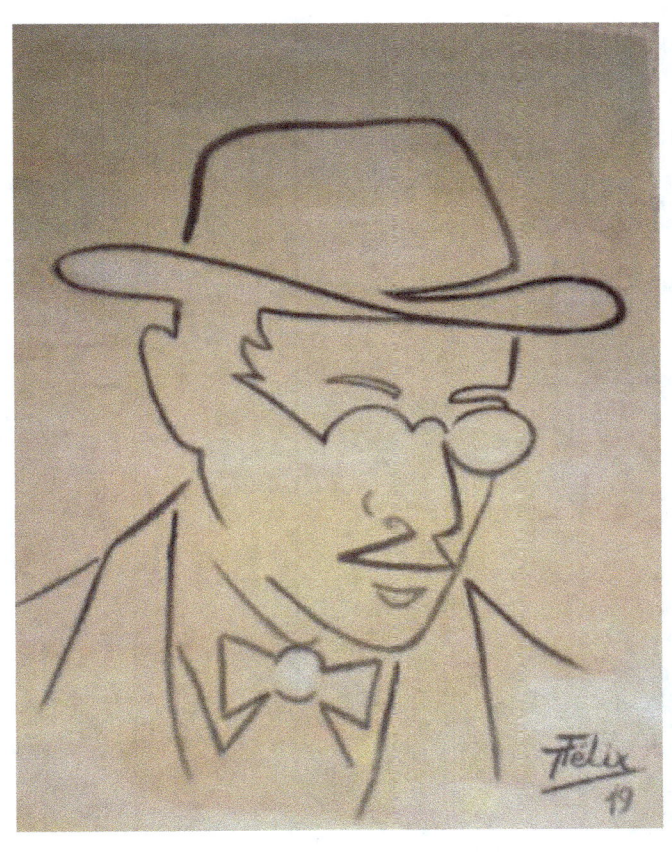

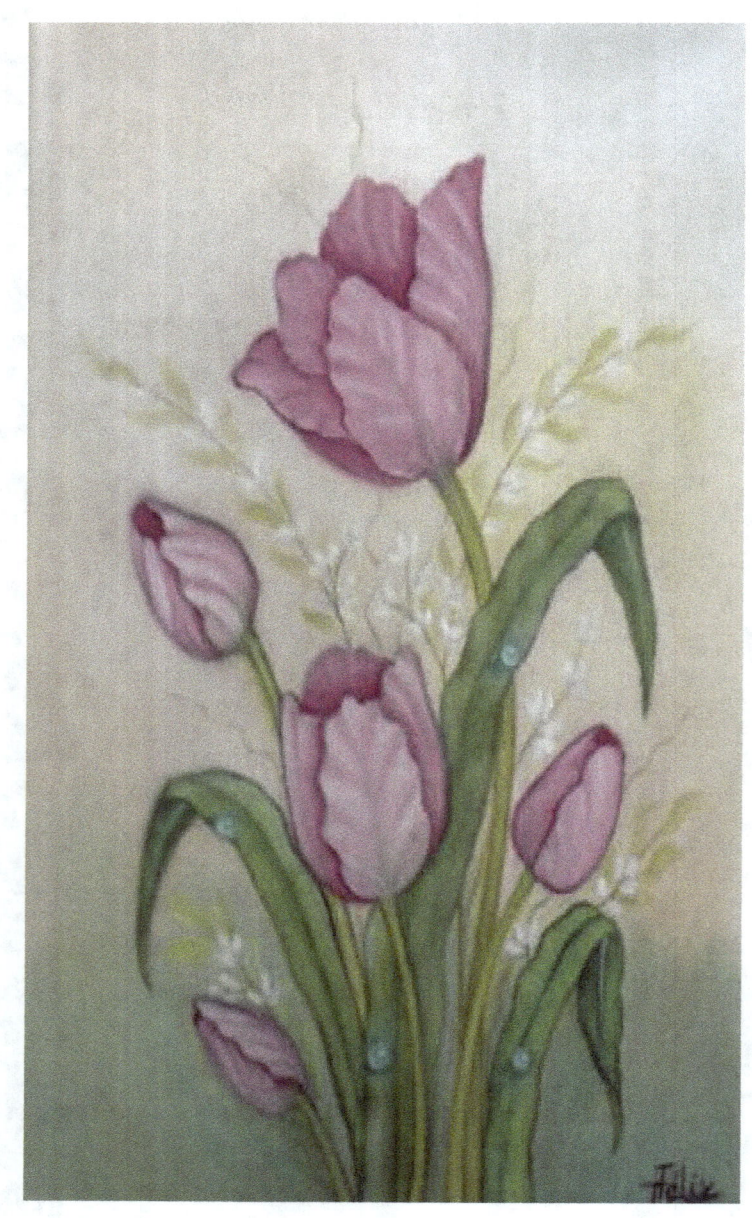

Aguarelar

S. Martinho, dia lindo

Com o Sol sempre a brilhar…

A tarde ia caindo

E tantos a pincelar!…

Mais uma aprendizagem

De tantas que foram feitas.

Será ato de coragem

Para quem nada rejeita?!…

Eu fui uma estreante

Na arte da aguarela.

A ideia foi brilhante,

Mas saiu coisa singela!…

Outras virão bem melhores

Se a tal me dedicar.

Combinando bem as cores,

Acabarei por gostar!...

Vêem-se lindas pinturas,

Feitas por mãos delicadas

Acabando tais gravuras,

Por serem bem cobiçadas!...

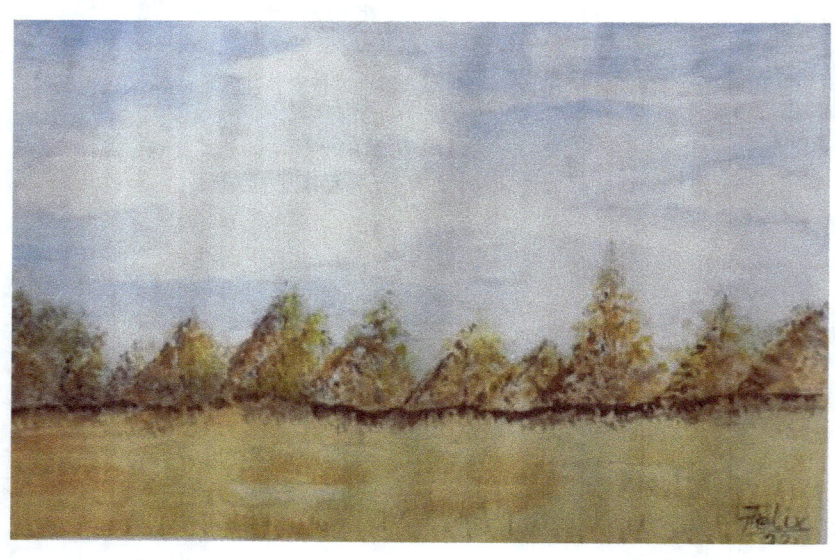

Profissão

Desde muito pequenina
A arte foi o meu sonho!...
Pintora ou bailarina,
Mesmo trabalho medonho...

O circo era paixão!
Malabarista, que tal?
Trapezista!... porque não?
Domadora de animal?!

Nada disto foi possível...
A vida foi bem madrasta!...
Futuro imprevisível...
Muito nova fiquei gasta!...

A doença que chegou
Uma artrite malvada,
Que nunca mais me largou!...
Meus sonhos deram em nada...

Alguns fizeram chacota!...
Em frente, cara-a-cara!
Mas olhando sua rota!
A troça saiu bem cara...

Virei para educação,
Pois o direito deu torto!...
Alegrei meu coração,
Apesar do desconforto!...

Sempre fui abençoada
Pela mão do Criador!
Apesar de humilhada
Pela voz de treinador...

No teatro fui entrando,

Feliz por apresentar

Poesia de Fernando…

Foi difícil figurar!...

Minha voz era a cantar!

A blusa era brilhante!

O andar era a dançar!

Os sapatos?!... humilhante!...

A vida foi decorrendo

Com doenças a chegar!...

Muito, muito fui sofrendo

Mas fiquei para contar!

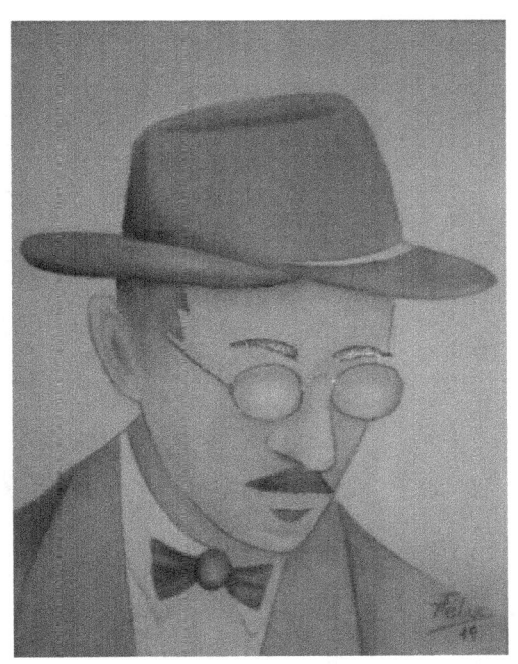

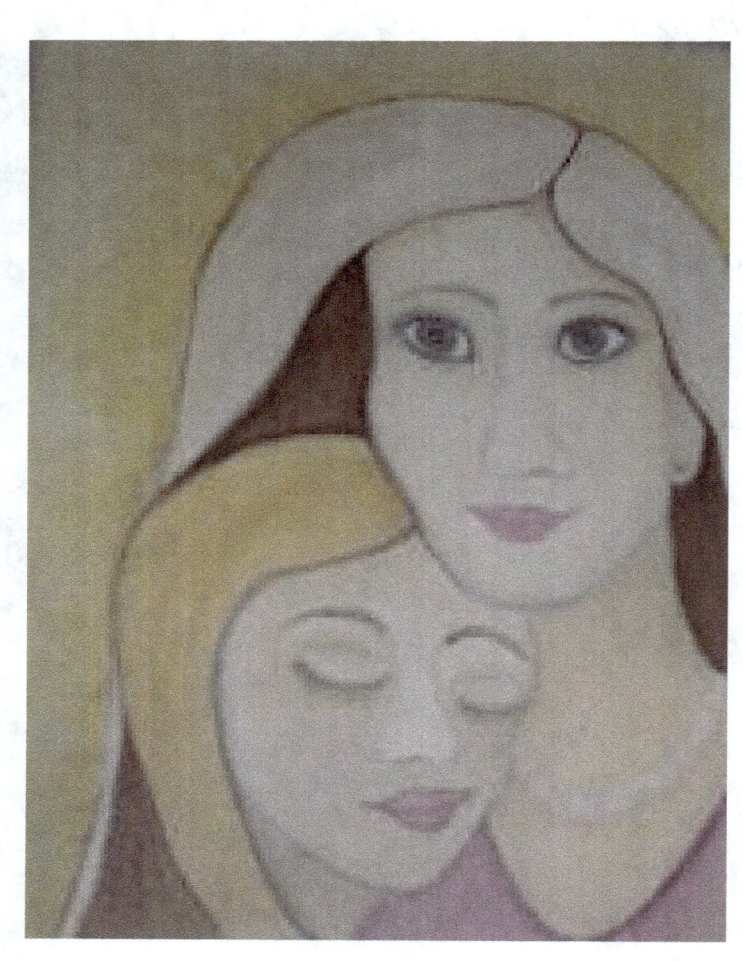

Professor

O que é ser Professor
De crianças delicadas?
É ter por elas amor
E sempre bem vigiadas!

Muitas vezes é ser mãe,
Ser pai e educador...
E depois chega também
O papel de Instrutor.

Com atenção e carinho,
Lá temos que as moldar.
Lembrando que seu caminho
As poderá melhorar

Há crianças muito ternas...

E outras bem velhaquinhas!

E não digam são modernas,

Pois algumas são pestinhas.

Do ler e do escrever,

Fica sempre a saudade!...

E que bom voltar a ver

Caras de felicidade!

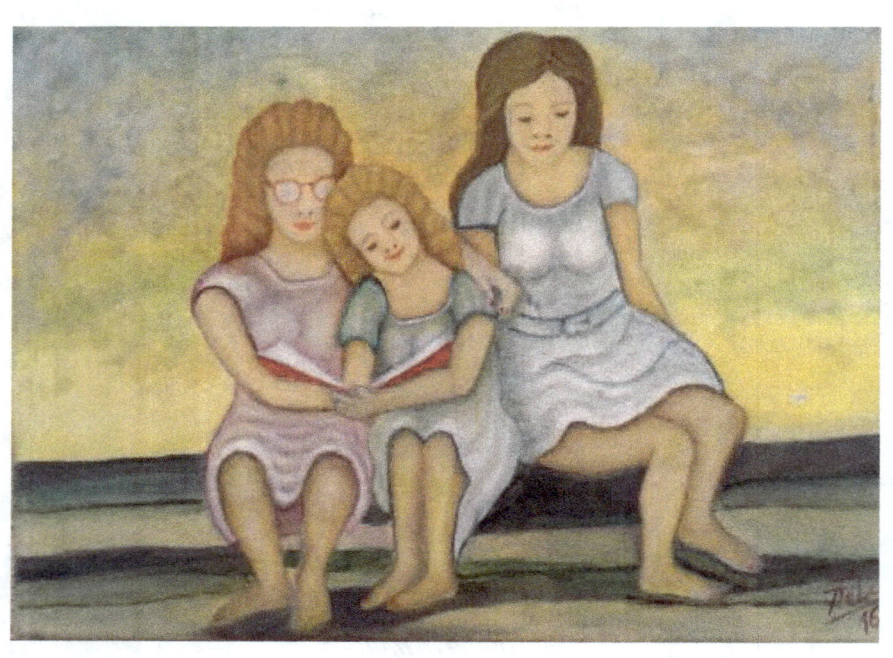

Abraço

Abraço é um aperto

Dado com muito amor!

Vindo de longe ou perto,

Sempre traz o seu calor!

É calor que alivia...

É sentir o coração

Do outro, com alegria...

É medir a pulsação...

Batendo perto dos nossos...

É selo de amizade

A chegar até aos ossos!...

Aceita esta verdade...

É ajuda nas tristezas,
Nas riquezas, nas pobrezas…
É silêncio bendito,
Em que tudo fica dito…

Abraçar não custa nada!...
Porque será afinal,
Que há gente tão malvada,
Que do abraço diz mal?!

Dizem que a pandemia
Acabou com os abraços!...
Tudo isto foi mania
Para quebrar estes laços!...

E lá vai este "Abraço"
A caminho de alguém…
Em momentos de cansaço
Fez-nos tanto, tanto bem!...

Um abraço não se nega,

Não se diz não a ninguém!...

Nem amigo, nem colega

Possam sentir teu desdém!...

E para quem isto ler

Sinta-se bem abraçado

Não duvidem podem crer

É abraço bem fadado!

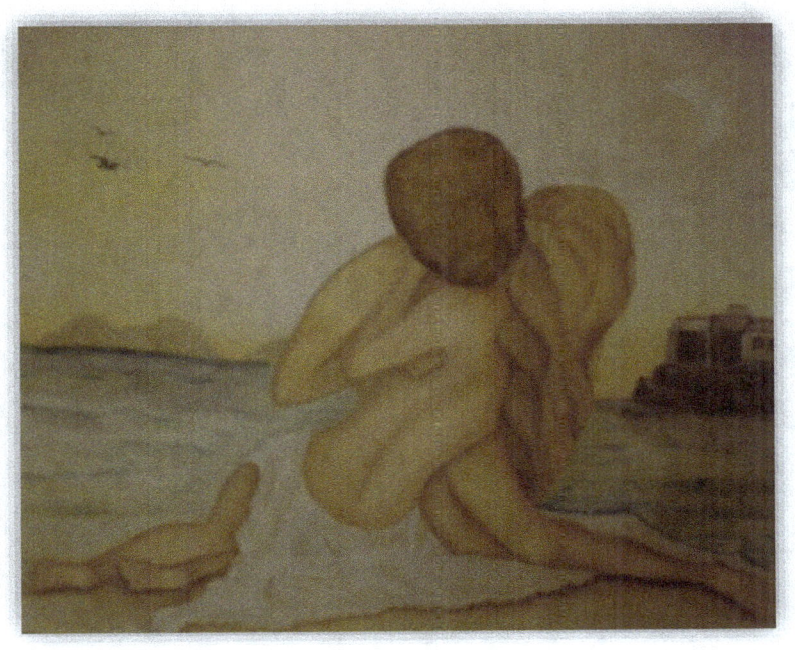

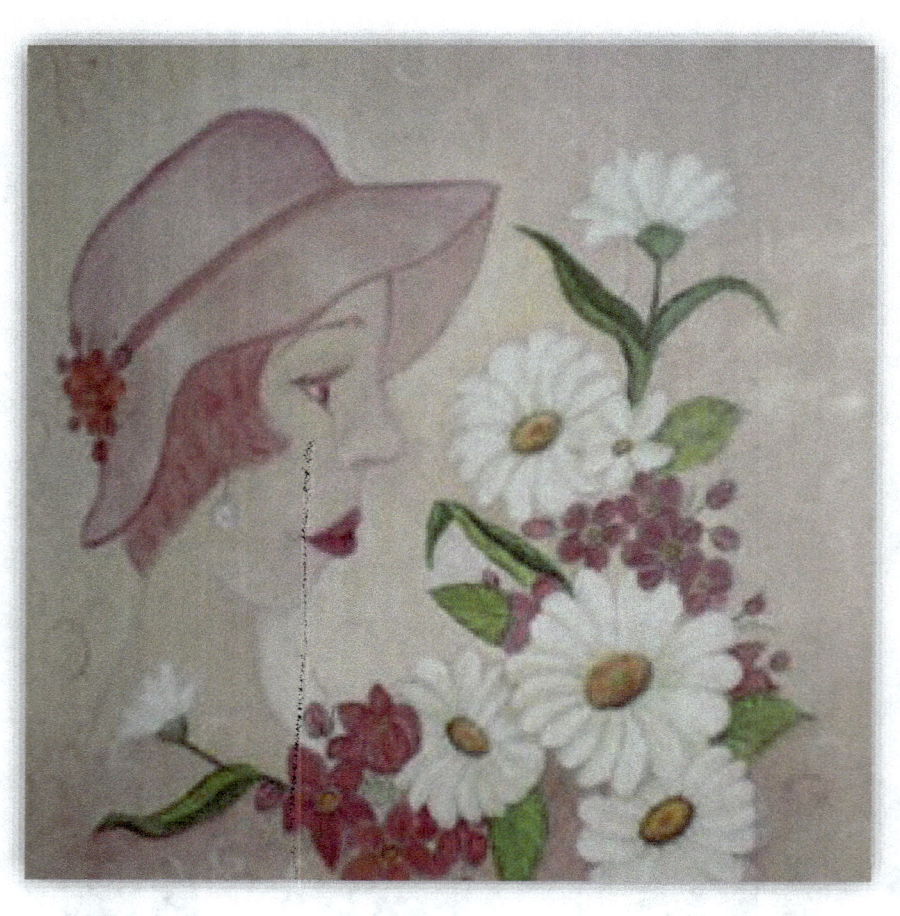

Aos meus pais

Tenho um grande amigo,
Amigo do coração.
É o meu pai querido
Que me não larga da mão.

Este pai é nosso amigo
Ele ama-nos a valer.
É o tesouro mais querido
Que uma filha pode ter.

Para ti, sou um amor
Para mim, és tão querida.
Tu és a mais bela flor
Dos jardins, a preferida.

Eu vos quero abraçar

Com amor e com carinho.

E também vos quero dar

Uma prenda com lacinho!...

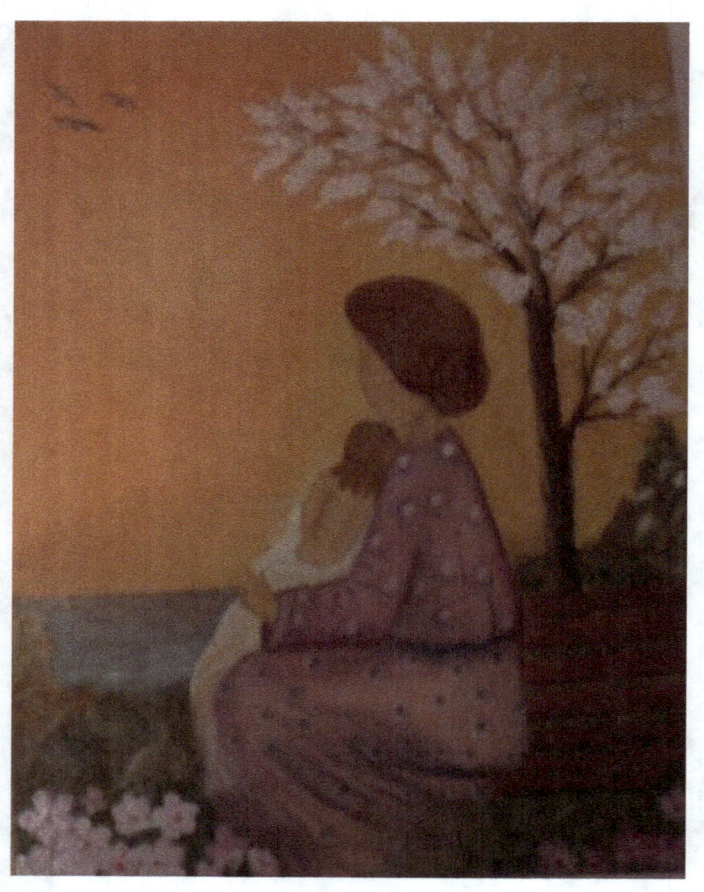

O Mundo é Lindo

Tenho um pai carinhoso

E uma mãe delicada…

Somos um lar amoroso,

Onde não nos falta nada!

E os três somos felizes,

Vivendo em união…

Parecemos uns petizes…

Ligados pelo coração.

Ao meu pai e à minha mãe

Eu quero dizer sorrindo,

E aos amigos também,

Assim, o mundo é lindo…

Se o mundo é tão lindo

Não o deixem estragar!...

E aos pais eu vou pedindo

Que o tentem melhorar!...

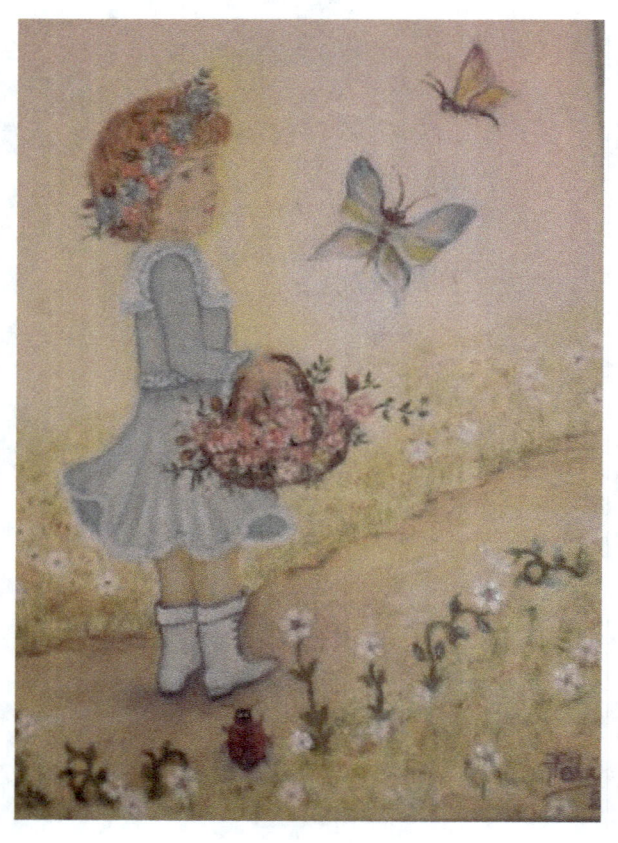

Amor à Primeira Vista

Sentada em casa eu estava,

Com os livros já na mão.

À porta senti bater

E claro, fui logo ver!

Santo Deus!... mas quem vi eu?!...

Um deles parente meu!...

E o outro, quem seria!!...

Alto, louro, um rapagão...

E logo estendeu a mão!...

A sua cara sorria!...

Perguntei ao conhecido:

Não conheço, quem é ele?

O Manel é meu irmão!

Em África tem estado!...

E desde aí, eu senti,

Que algo nasceu em mim!...

Foi amor? Foi simpatia?

As duas coisas diria...

E nunca mais acabou!...

O que ali começou.

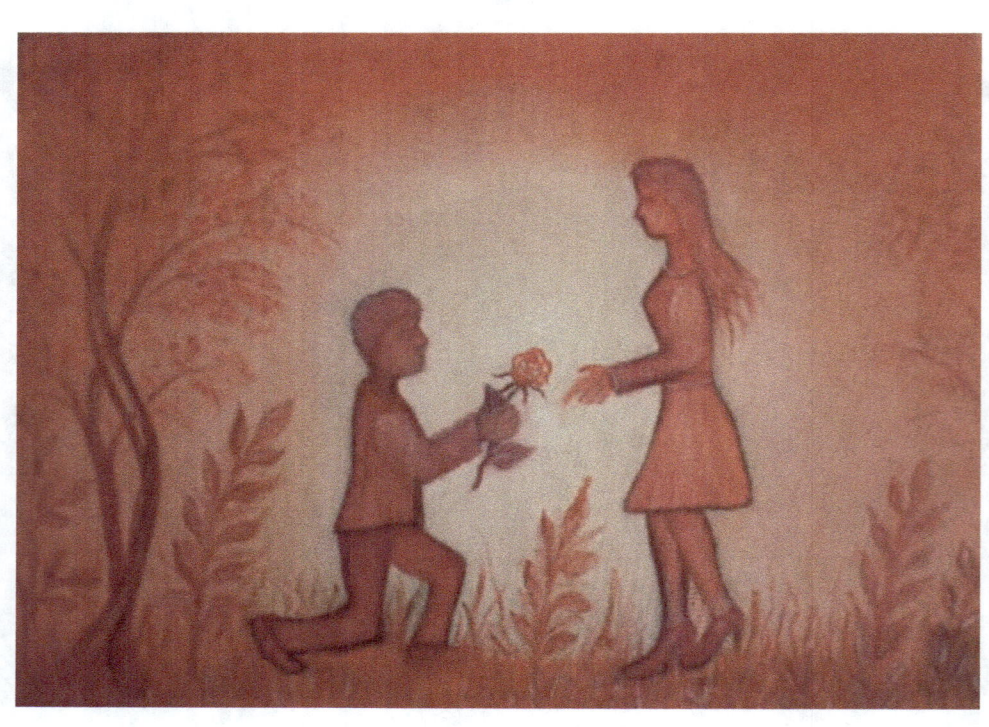

Chegou e Disse

O lindo Rui já chegou
À casinha dos seus pais.
E mui alegre tocou...
Dizendo: já somos mais!...

A lenda é bem antiga.
A cegonha de mansinho
Muito fresca, sem fadiga
Veio trazer o filhinho.

Vem de longe, de Paris
Assim diziam os pais!
Mas não cresceu o nariz
São contos e nada mais!...

Maria subiu ao Céu

E lá temos uma mãe!...

Este menino desceu

P´ros braços de sua mãe.

Depois de muito esperar,

Estes pais estão contentes.

Desejosos de amar,

O melhor de seus presentes.

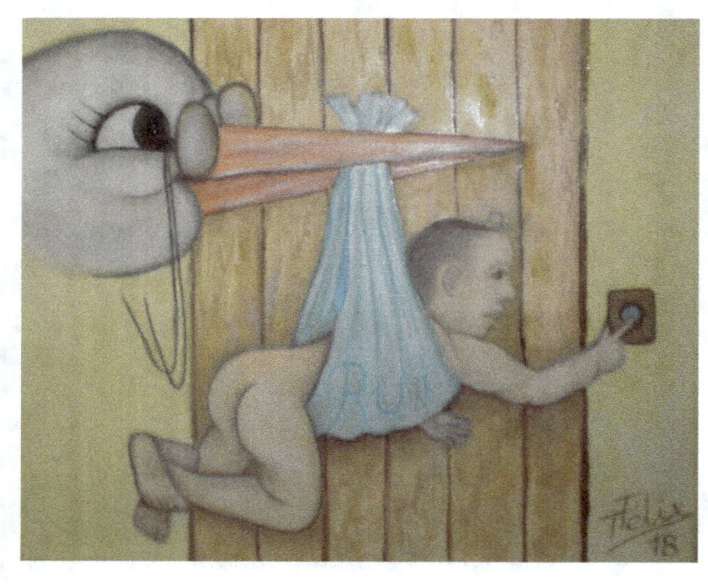

Miguel

Nome de **Ser** amoroso,

Em dia especial.

É Arcanjo poderoso,

Que o defende do mal.

Parabéns a Ele e pais,

Que o fizeram nascer…

Aos avós, tios e mais

Que ajudam a crescer!...

Esta criança feliz

Tem tudo no seu caminho!...

E desde muito petiz,

Nunca lhe faltou carinho.

Vai crescendo devagar,

Rodeado de miminho.

Os pais o vão ensinar

A ser sempre bem meiguinho!...

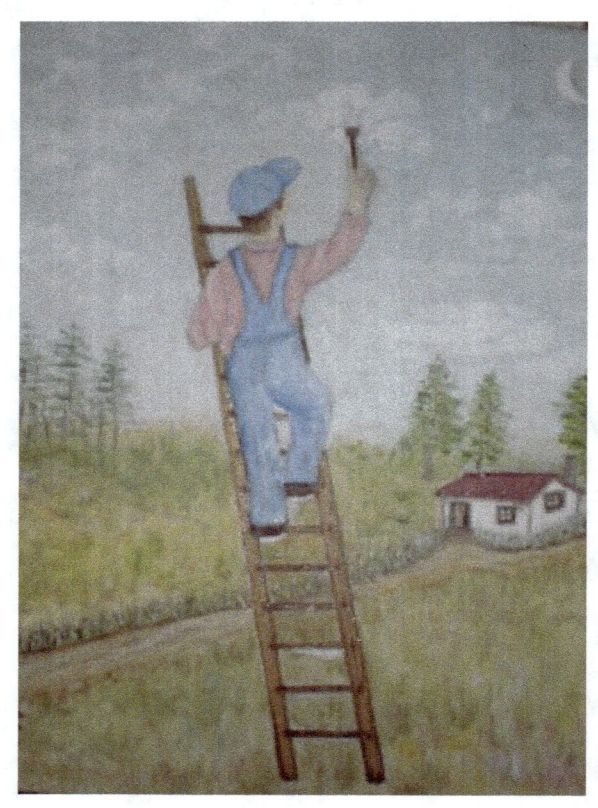

O Principezinho

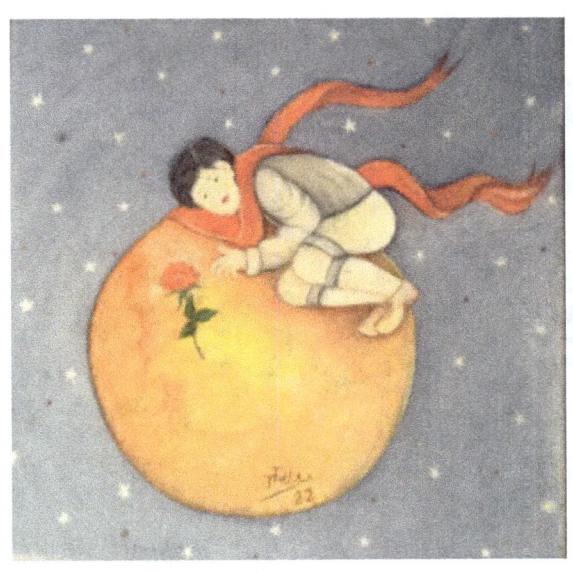

É um conto bem antigo
Conhecido pelo mundo
Este fica com amigo
Que sinta cá bem no fundo

Príncipe é o menino
Que o irá receber...
Apesar de pequenino,
Cedo o vai conhecer.

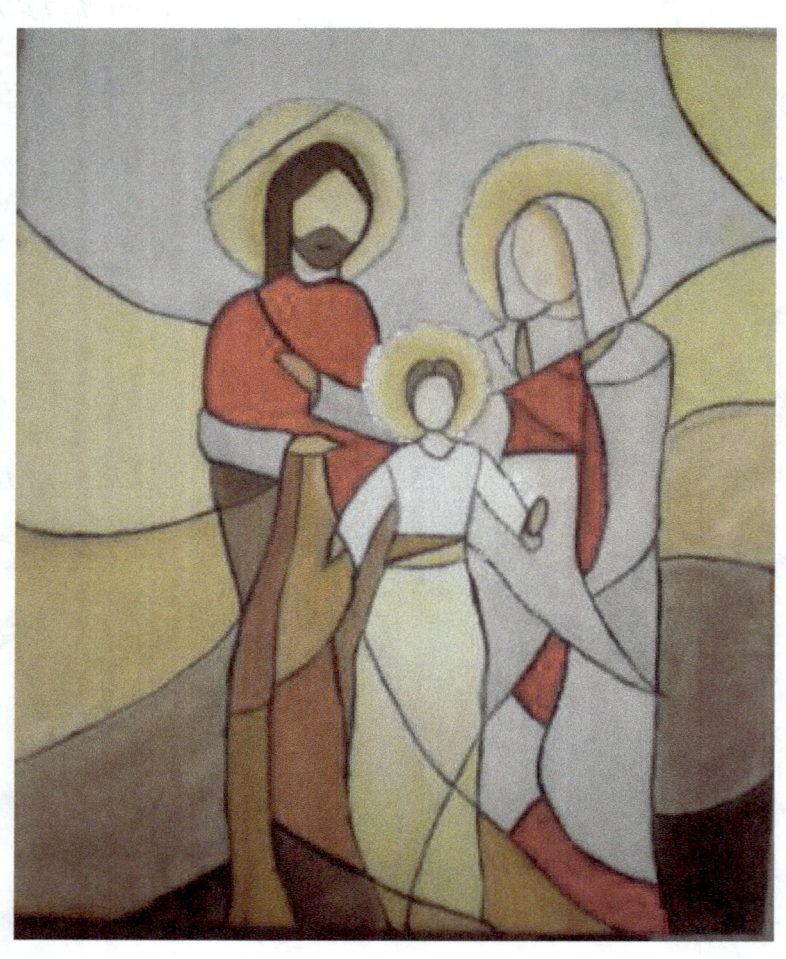

Natal

Tanta gente a dormir!...
Sem conhecer o Natal...
Acordai!... vinde abrir
A Deus, o vosso portal...

Há quem diga que Natal
É sempre que nasce alguém!
Para mim o mais real
Tem Jesus e sua Mãe!...

Esta festa pode ser
De todas a mais bonita...
Basta só o teu querer,
E Deus te faz a visita...

Pequenino e sozinho,

Tão triste e a chorar!...

Esquecido no cantinho,

Sem ninguém o adorar...

Não é Ele que faz anos?!...

O que lhe costumas dar?!...

Esqueceste? Foi engano?!...

Não te quiseste ralar?!...

Para todos foi a festa,

Mas ninguém O convidou!...

E quem é o Rei da festa?

Toda' a gente O olvidou!...

Ingratos para com Ele...

Não Lhe demos atenção!...

A festa era p'ra Ele...

Que nos traz no coração.

Todos foram bem prendados!
E Aquele que fez anos?!...
E nos perdoa pecados?!...
Ai Senhor, tanto pecamos!...

Natal é todos os dias,
Se em nós nascer Jesus.
Dá-nos muitas alegrias,
Amor, saúde e luz...

Se em nós viver Jesus,
Seremos boas pessoas!
Ele sempre nos seduz
Sabendo que nos perdoas!...

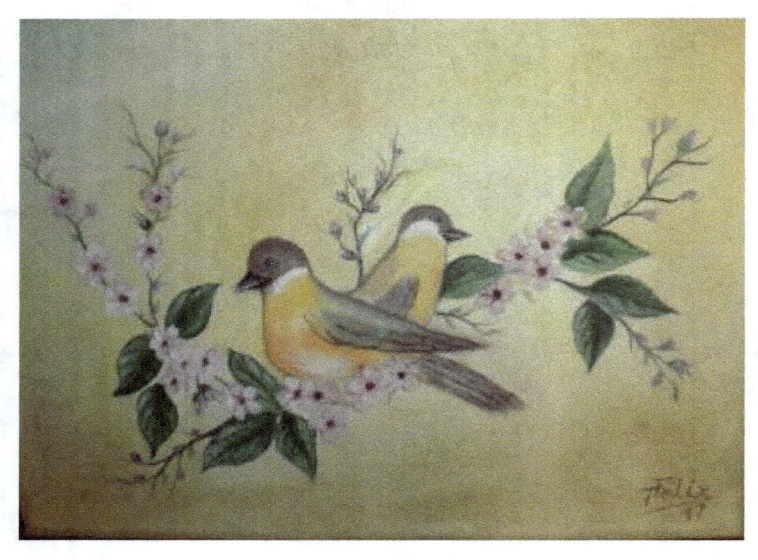

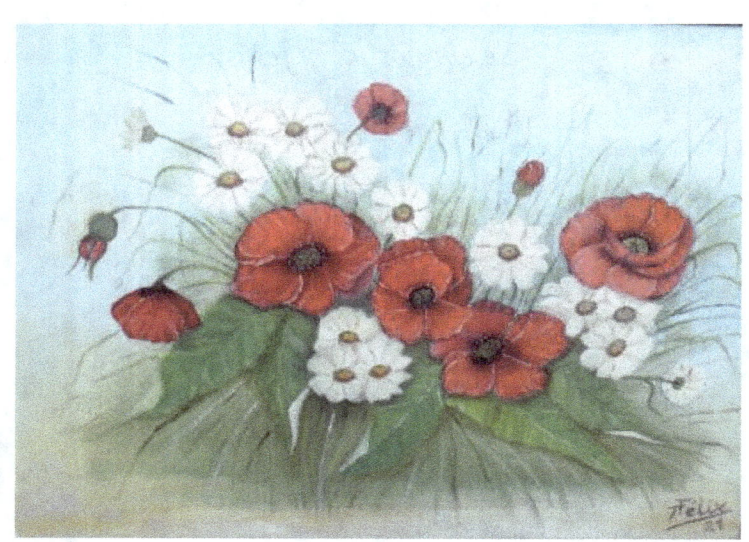

Fuga para o Egipto

S. José foi p'ro Egipto
Para Menino salvar
Apesar de pequenito
Ninguém o pode' agarrar!

Agarra-O, pois tu podes!...
E não O largues da mão...
Perseguido por Herodes,
Abre-lhe teu coração!...

S. José és preferido!...
Eu Te quero bendizer,
Nesta casa és querido,
Ninguém te vai esquecer!...

S. José és protetor

Dos meus, que Te entreguei.

Dá-lhes paz e muito amor,

Pois Tu podes, eu bem sei!...

Protegeste o Menino

E a Sua Santa Mãe

Queremos o Teu carinho

Que nos fará muito bem!...

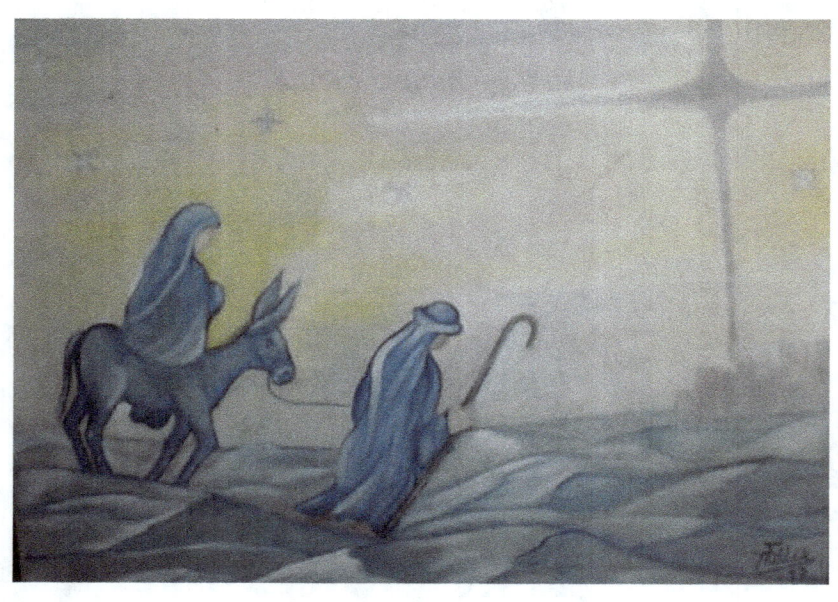

Jesus Cristo

Jesus Cristo é o Rei
Mais importante da vida.
Por Ele tudo farei
Sem peso e sem medida.

Aceita o meu amor
E a devoção também!...
Só Tu és grande Senhor,
Pois nos deste Tua Mãe.

Dá-me também Tua mão
Como deste ao Marcelino
Recebendo dele o pão,
Consolaste o menino...

Tu estás em todo lado,

Sendo Ser omnipresente.

Encaminha o meu "fado",

Pois Tu és omnipotente…

Sinto a Tua presença,

Seja noite, ou seja, dia.

E quando estou mais tensa,

Eu Te peço alegria!...

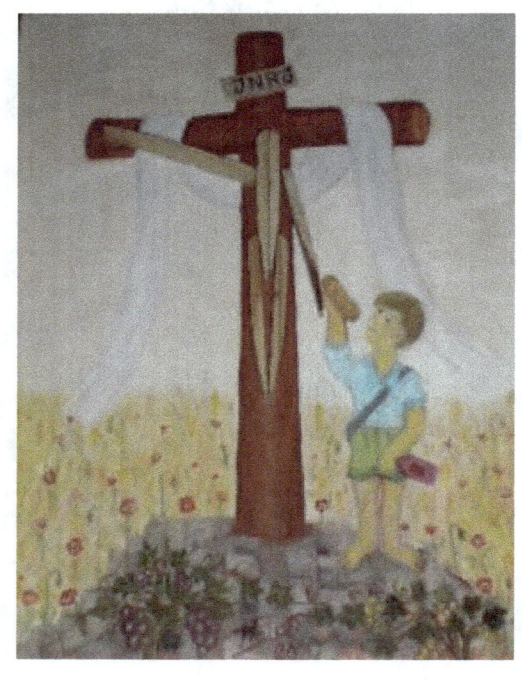

Maria, Nossa Mãe

Mês de Maio e de Maria!

Obrigada pela graça

Que me vem no dia-a-dia!...

Mãe de Jesus, me abraça...

Oh! Maria, mãe de Deus

Vem em nossa proteção.

A Ti e ao meu Jesus

Nós devemos gratidão.

Quando há uma' aflição

E fico desesperada,

Procuro Teu coração

Minha Mãe imaculada!...

Mãe do nosso Salvador
Olha p'ros necessitados!...
Aceita nosso louvor,
Nestes versos recitados.

São umas simples letrinhas
Saídas do coração;
Para Ti, Mãe e Rainha
Do povo em oração…

Vossas graças derramais,
Sobre cada um de nós!...
Pecadores que chorais,
Pedi-lhe em alta voz…

Ela sempre nos escuta
E não deveis duvidar!
Pedi que Ela escuta
E não deixes de rezar!...

Põe a sua medalhinha,

Bem perto do coração...

Que como Mãe e Rainha

Te dará a sua mão.

Este é o Teu cantinho

Dentro deste nosso lar

Aqui terás o carinho

Que temos para Te dar!

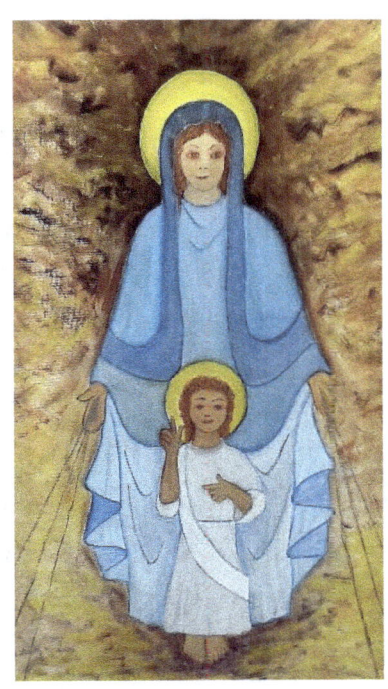

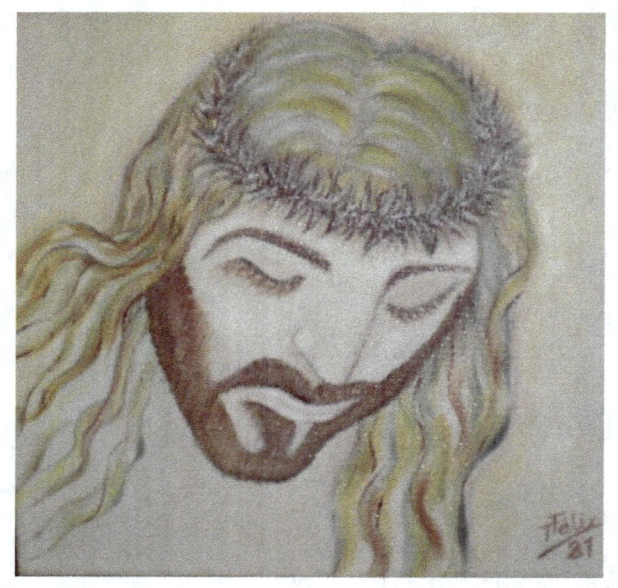

Estarei sempre Contigo

Senhor, preciso de Ti.

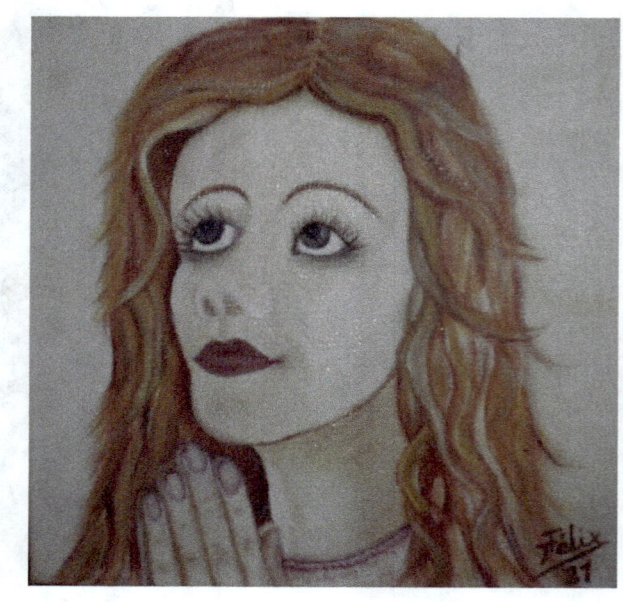

A Vida é Cheia de Nada

A vida é cheia de nada,

Nada temos, acredita!...

Mesmo sendo atribulada,

A vida é bem bonita!...

A vida é dom de Deus.

Saiba eu agradecer

A bênção que vem dos céus,

Em cada amanhecer!

Para Ti, ó meu Senhor

Eu viro o meu olhar!

E peço o Teu amor,

Para poder perdoar...

É difícil perdoar!

A quem nos fere de morte…

Teremos de aceitar?!...

Ter razão e não ser forte!…

Mais vale ser do que ter.

É o ser que te faz gente.

Acredita, podes crer

O ter te faz insolente!...

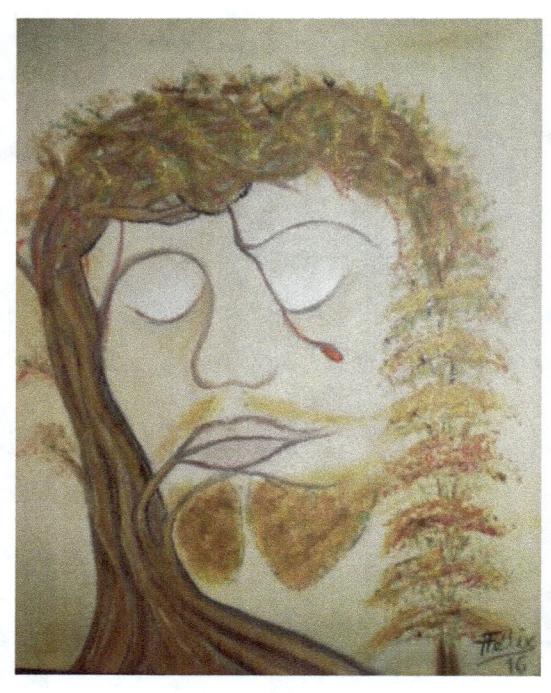

A São João Batista

Dorme, dorme Joãozinho,
Pois tens muito a caminhar!...
Vais p'ro museu do Toninho,
É ali que vais ficar!...

Deixas o teu cantinho
Das altas serras beirãs!...
E vais ver, lindo santinho,
Que as andanças não são vãs!...

Ficas bem acompanhado,
Em terras alentejanas,
Mesmo pertinho do Sado
E com pessoas bacanas!...

Vai meu lindo S. João,

Leva contigo um beijinho,

P'ra todos os que aí vão!...

E ...dá-lhes Tu um carinho!...

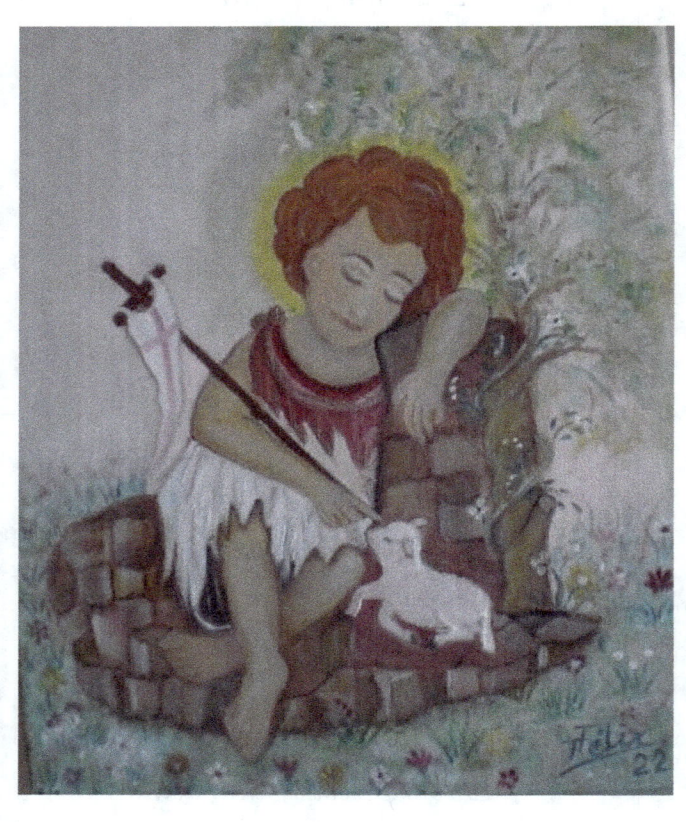

São João Batista

Ando roto, esfarrapado,
Nesta minha singeleza
Nasci de um pau de gelado
Vejam bem esta pobreza!...

A pobreza é aparente,
Eu cá sou muito feliz.
De Jesus, eu sou parente!
E foi rei! ... desde petiz!...

Se a arte ajudar,
Podemos ser 'ideotas'!
Um S. João arranjar
Com coisas já bem velhotas!...

Eu fiz, faço, e farei,

Coisas do arco da velha!...

Fico contente, pois dei

Uma peça semi-velha!...

E não me levem a mal,

Estas coisas não são lixo!...

Aproveitadas! ... Que tal?

Até dão um belo nicho!...

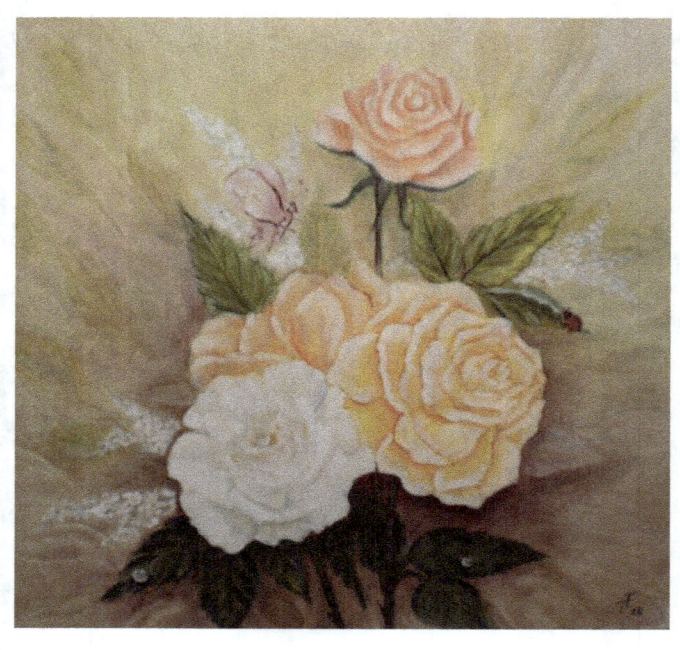

São Rosas, Senhor

*Santa **Isabel**, Rainha*
*Foi uma **grande** Senhora*
Deu aos pobres o que tinha
E seu reino não piora!...

Mas eis que um certo dia
Ao levar a sua esmola
Surge o rei sem alegria,
E logo lhe dá na "tola"...

Que levas aí Senhora?!...
Nesse manto carregado?!...
São rosas Senhor! São rosas!...
E assim foi enganado!...

Mas ao abrir o seu manto

Caem rosas muito belas!...

E tudo vão perfumando…

Este rei duvidou delas!…

Vai minha doce rainha

Segue lá o teu caminho…

Sabendo que és santinha

Com elas, dá teu carinho!…

Lá foi a rainha boa

A fazer a caridade!

Dando pão e dando broa

Aos seus pobres da cidade!...

Coimbra, cidade nobre

Tem o seu corpo real…

Seja rico, seja pobre

Todos vão ao arraial!

Fogo preso sobre o rio…

Na ponte se canta o fado!

Um sermão com muito brio

Põe o povo encantado!...

A Ti ó Santa Rainha

Eu devo agradecer

A vida de um sobrinho

Que não deixaste morrer!

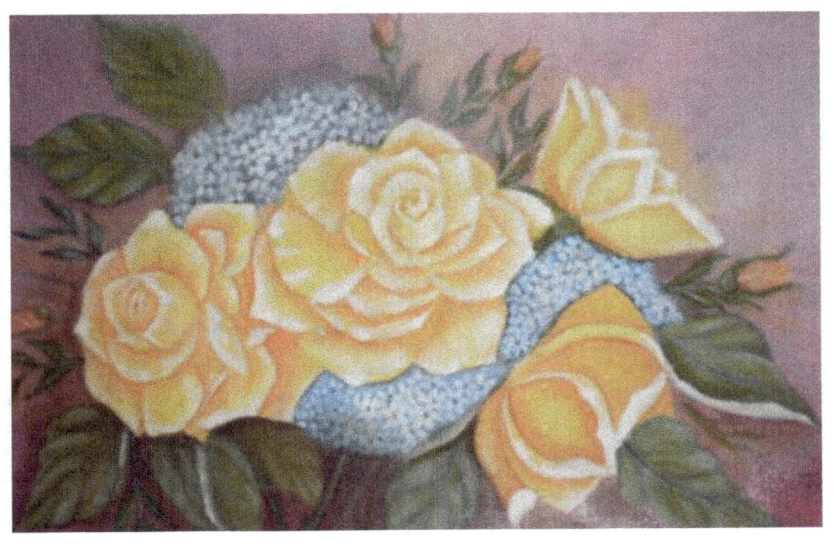

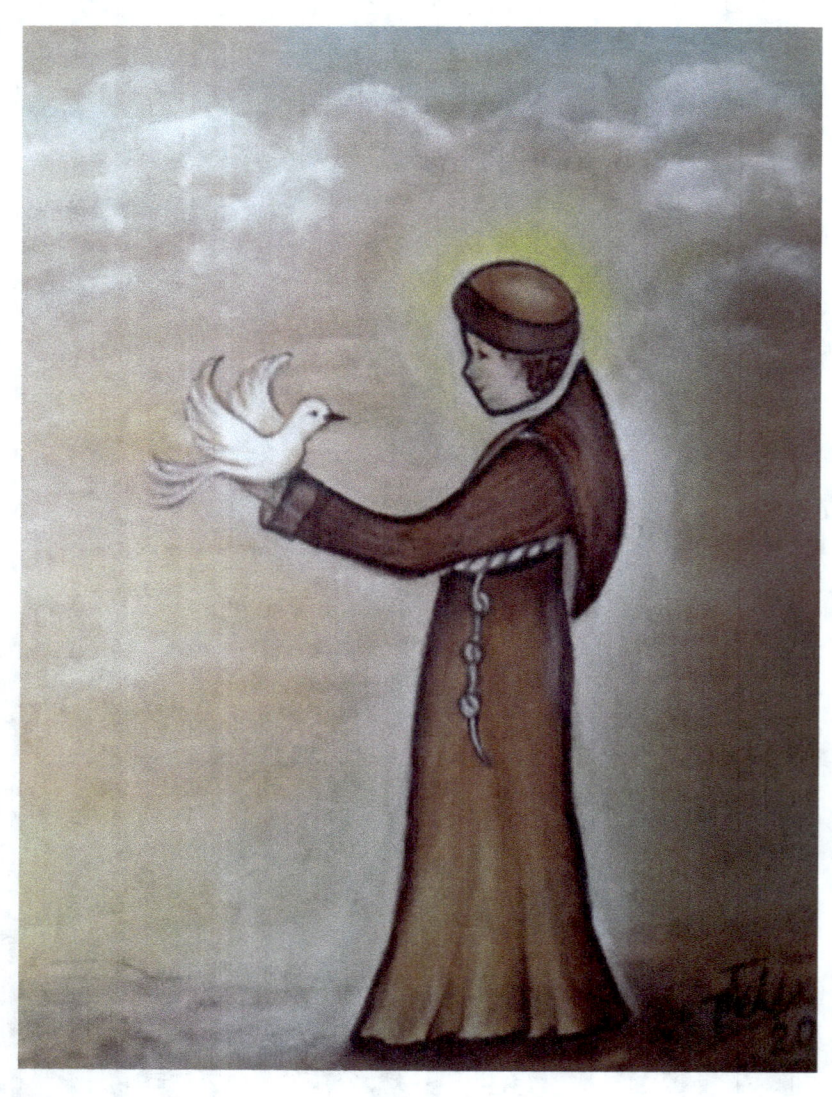

S. Francisco de Assis

Em Assis viveu um Santo,

Seu nome era Francisco.

Aos selvagens animais

Tratava-os por irmãos!

Fosse um lobo ou pisco,

Para Si eram leais!...

E se lhes pedia a pata

Punham-na em sua mão!...

Era um Homem de Deus

E amor no coração.

Que peça lá pelos meus

E até pelo meu cão!...

Há muito lho entreguei!

Em pleno mês de verão,

Eu pedi e eu rezei

E lá do alto dos céus

Vem a Sua proteção!

Obrigada meu santinho

Tenho o cão inteirinho,

Apesar de atropelado,

Tu estavas a seu lado!...

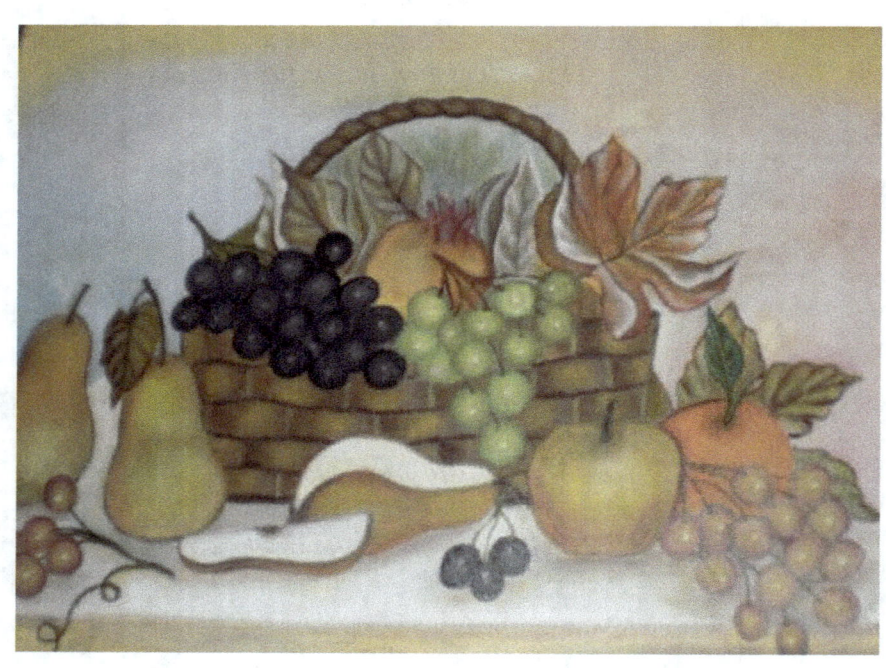

Outono

O Outono vai chegar

Com frutas bem madurinhas

E prestes a nos deixar

Estão as lindas andorinhas!

O campo é mesa posta

Com sabores divinais!

Toda a pessoa gosta,

E também os animais!

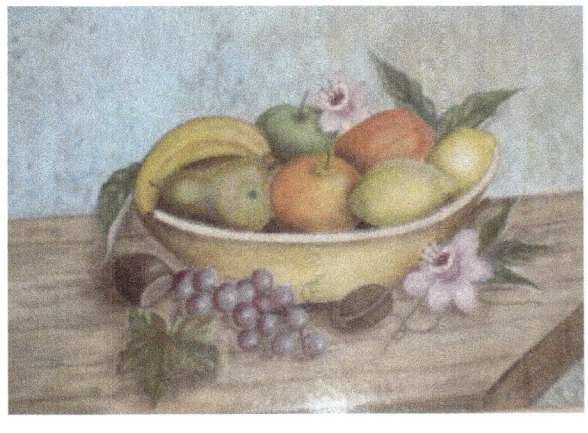

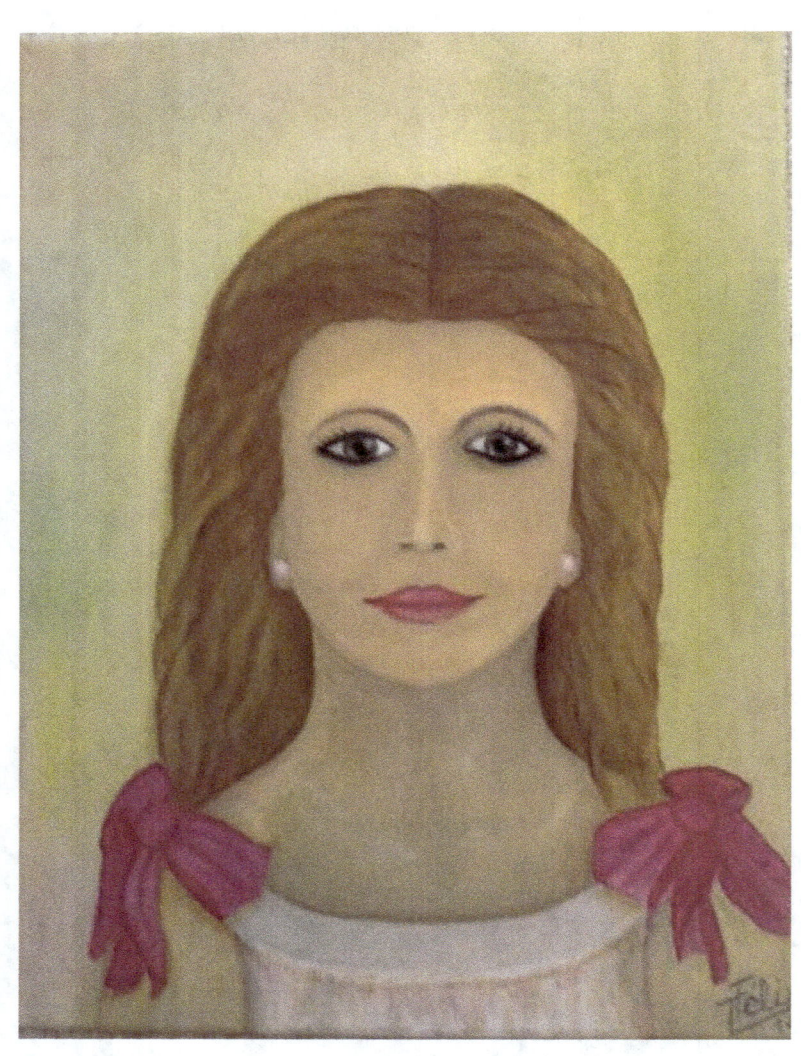

O Tempo Passa,

O Tempo Voa! ...

E olha que até tem graça,

Como muda uma pessoa!...

Nasceu do ventre da mãe

Um ser muito pequenino

No colo do pai também

Recebeu muito carinho!

Lá começou a andar,

A falar e a comer,

A sorrir e a teimar!

E assim se viu crescer!

Depois sem o infantário,
Há escola, ... há liceu!...
Veio um amor primário,
Que a fez sentir no céu!

Criança virou adulta, ...
Seguindo a caminhada,
E não demorou lá muito
Acabou mesmo casada!

E depois a trabalhar,
Foi vida sem descansar!...
Olhou p´ra trás e p´ra frente
E sempre viu muita gente!

Os irmãos, tios e pais,
Amigos e outros mais!...
E não esperou lá muito
Veio´ o primeiro defunto!...

A vida virou ingrata

E por certo, bem cruel!

Vindo doença não grata,

Deixou-a a saber a "fel"…

Partiu um e outro foi…

E aos poucos foram indo.

E do mundo tudo foi

Tudo foi, mas não sorrindo!...

O tempo passou,

O tempo voou …

E olha que até teve graça,

Como uma pessoa mudou!...

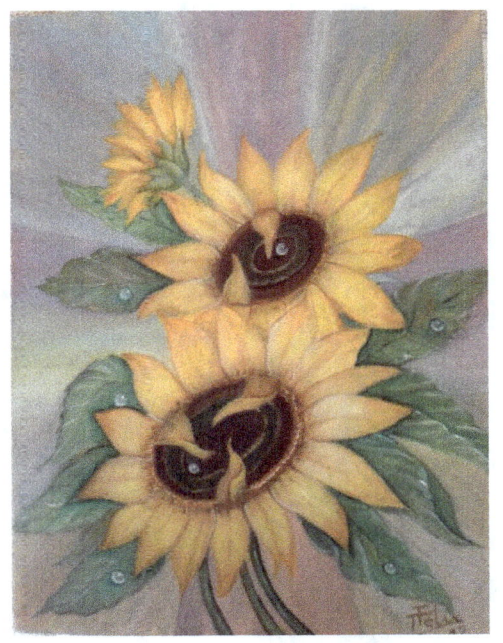

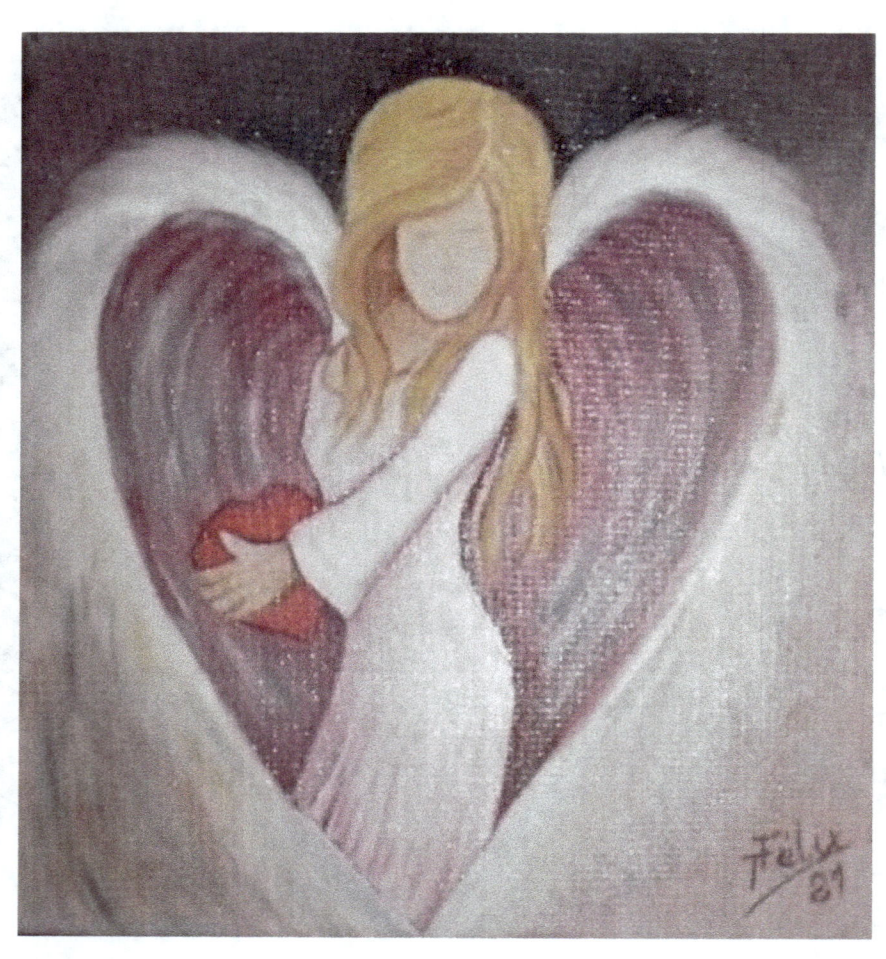

Parabéns

Linda, linda a Menina

Que mais uma vez venceu!

Terás sempre a mão divina,

Que vem lá do alto céu!...

Atingida esta meta

Vamos outra preparar,

Vai sempre em linha reta.

Não te deixes vacilar!...

Tudo brilha neste mundo!

Se nele houver amor...

E é com amor profundo,

Que te dou este louvor!...

Bendigamos o Senhor!...

Por tudo o que nos dá.

Já nos deu muito amor

E sempre assim será!...

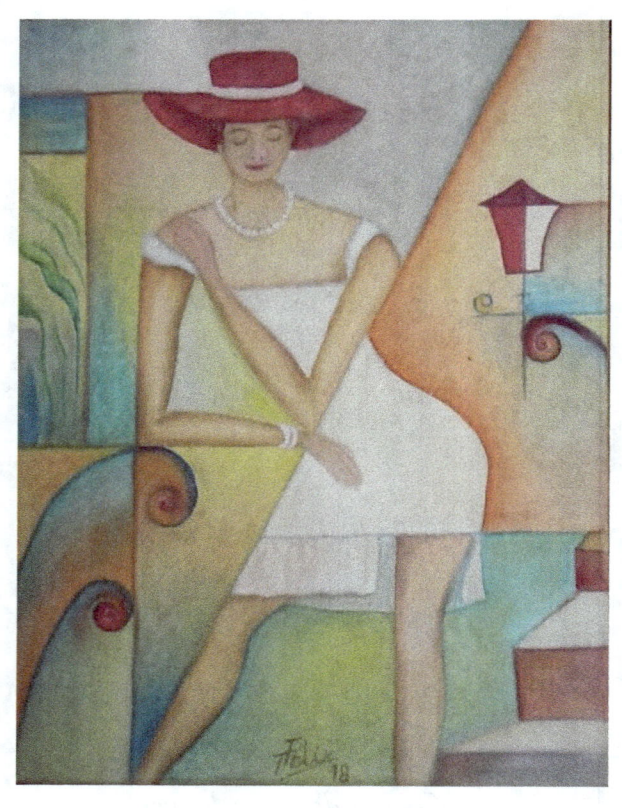

Damas

As damas são sempre belas!
Seja em pé ou deitadas,
Nuas ou bem trajadas,
Até mesmo sobre telas!

Gostam de ir passear,
Mesmo de noite ao luar!...
Frescura vão respirar,
Sozinhas ou com um par!...

Tendo boa companhia
O tempo não corre, voa...
Chegando ao fim do dia,
Ai que feliz, a pessoa!...

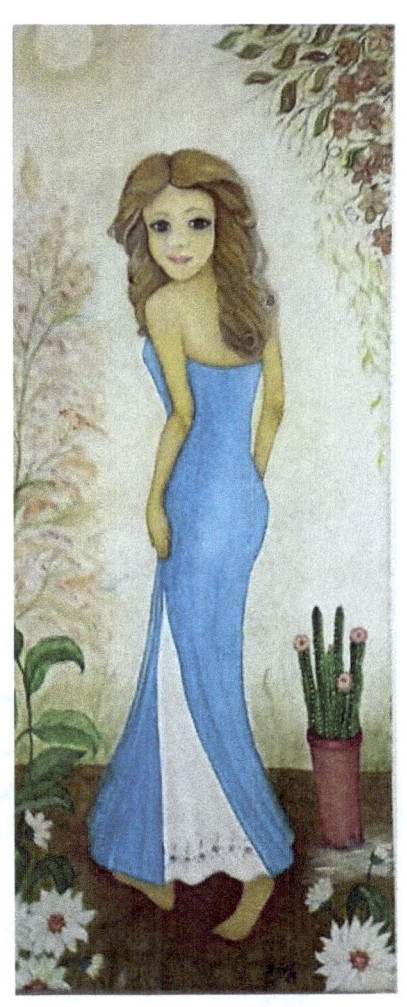

E que boa companhia

Faz a Dama ao seu par!...

Meiguice e alegria,

Sempre terá para dar!...

Vem a noite, sem dormir...

E sonha-se acordado!

Começar um dia a rir!...

Ai que ser abençoado!...

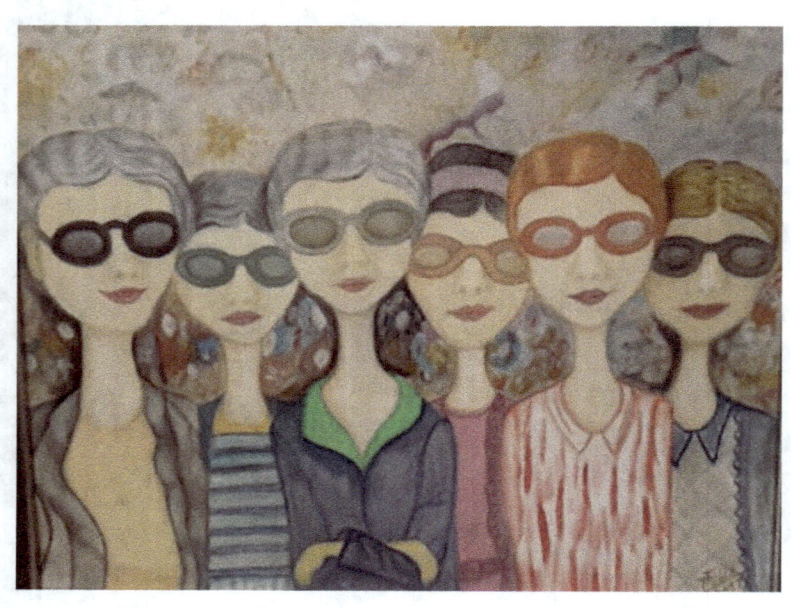

O Anjo da Guarda

Este anjo pequenino
Vai ser um amigalhaço
De um querido menino
A quem dou o meu abraço!

És um anjo preferido,
A quem muito vou amar
No país és mui querido,
Mas aqui tens de ficar…

Anjo da nossa cidade,
Dá a todos atenção
Não olhes à sua idade,
Mas, a todos, dá a mão!...

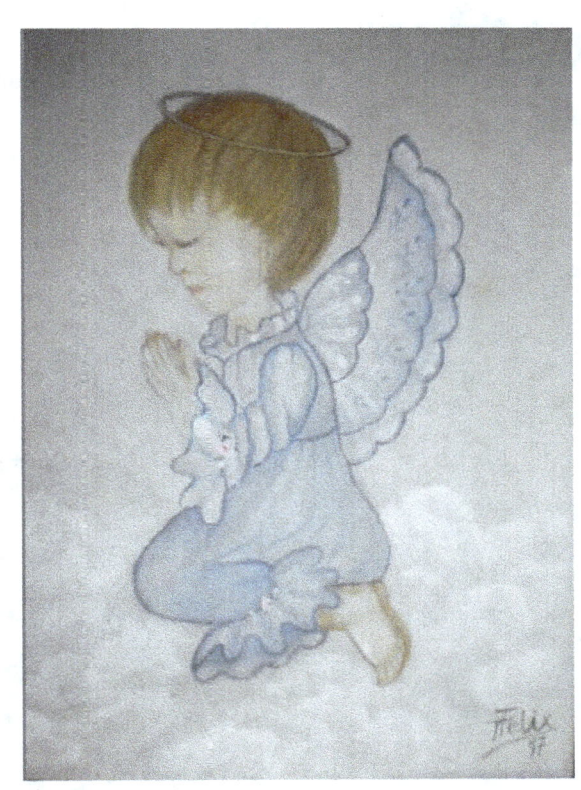

Santo Anjo do Senhor,

Escuta o que te peço!...

Tua força, por favor.

Será que isso mereço?

A vida me foi mostrando

Que alguns são sempre fracos...

Mesmo que esperneando

Ficam os braços com laços.!...

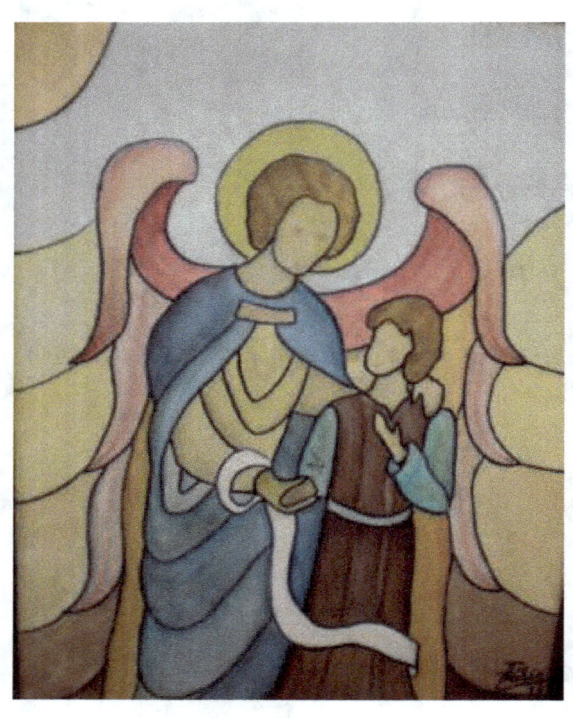

A Minha Cidade

Fazendo jus ao seu nome

É **Forte** cá na fronteira.

Muito bem aqui se come,

É **Farta**, hospitaleira…

A neve a deixa **Fria**

Naqueles dias d´inverno.

Sua gente não esfria

Pois é povo muito terno.

Bem **Fiel** é esta terra,

Como reza a história.

Respiramos ar de serra,

Que nos leva à vitória!...

Uns a chamam de **Formosa**,

Outros mudam de ideia…

Guarda *és amorosa,*

E ninguém te chame feia!

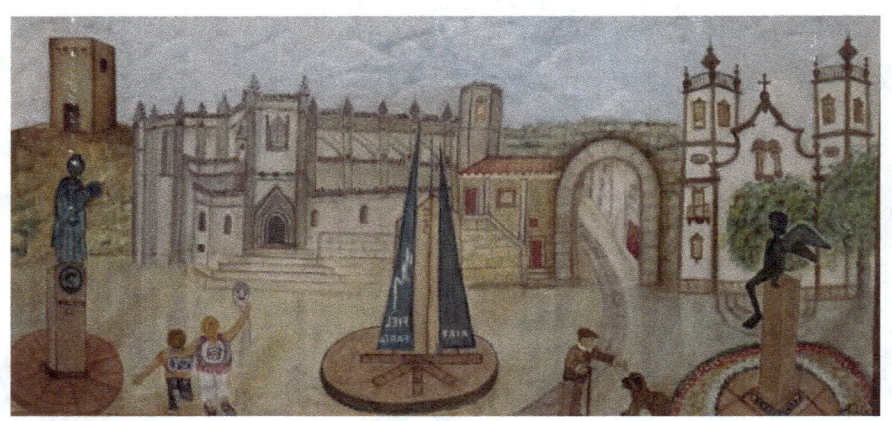

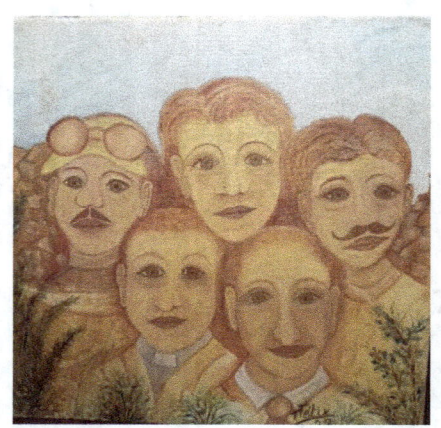

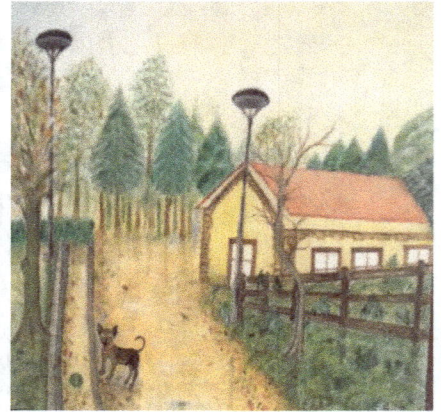

A Pedra

A pedra é bom suporte

Para nela se esculpir!

Pode ser arma de morte,

E muita gente ferir!

Olha o David pequeno

Com uma pedra na mão!...

Deita abaixo o Golias,

Gigante sem coração!

Pode ser um bom assento,

Para nela descansar!

Estando em movimento,

Faz o moinho andar...

Pode ser pedra de altar!

Pode dar um monumento,

Pode uma cerca vedar

E pôr casa em andamento!

Na calçada a podes ver,

Nos castelos e nas fontes!

Nos ribeiros e nas pontes.

Sempre útil, podes crer!...

Pode ser mui valiosa

Como é o diamante

Ou ser menos preciosa.

Só valendo um instante.

Saindo da tua mão

A pedra vira pedrada.

Se te" está no coração,

A pedra é navalhada…

Mas a pedra no sapato!...
É capaz de te ferir!
Olha bem e sê sensato,
Não deixes os outros rir!...

Afasta-a do teu trilho!
Vê o que podes fazer!
Não seja ela "espartilho"
Que te vai fazer sofrer!

Sem pedras e sem pedrada,
Os jovens devem sorrir!...
Não!... à gente viciada,
Que aos outros vai ferir!...

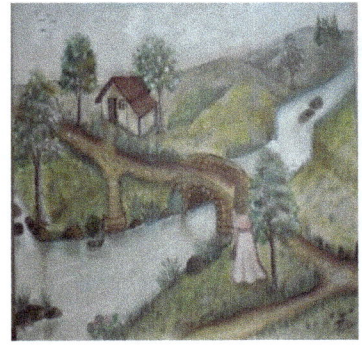 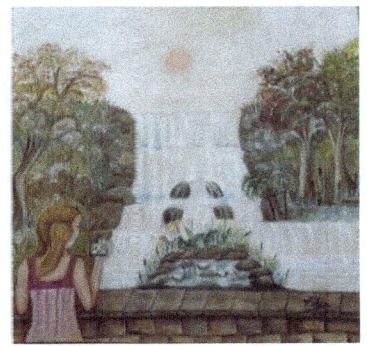

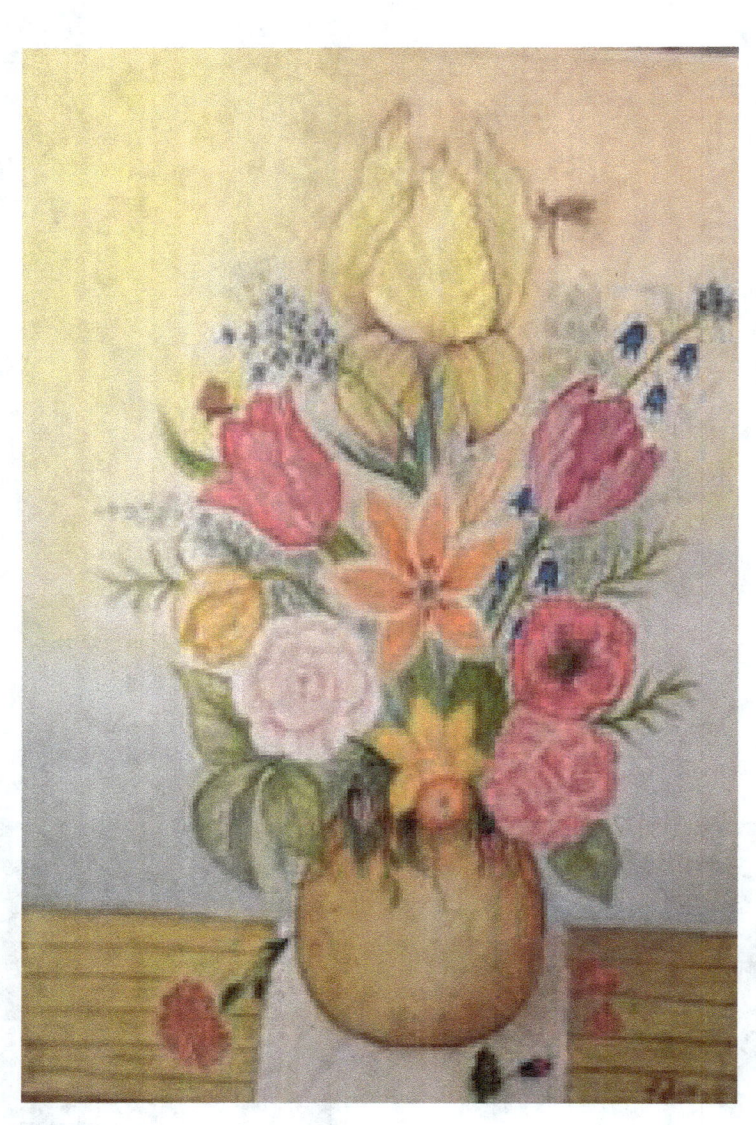

As Flores da Primavera

A Primavera traz flores

Lindas e perfumadas

E nelas vemos as cores

Alegres e variadas…

A Primavera da vida

É fugaz e passageira

Mas se for bem merecida

Dura a vida inteira!

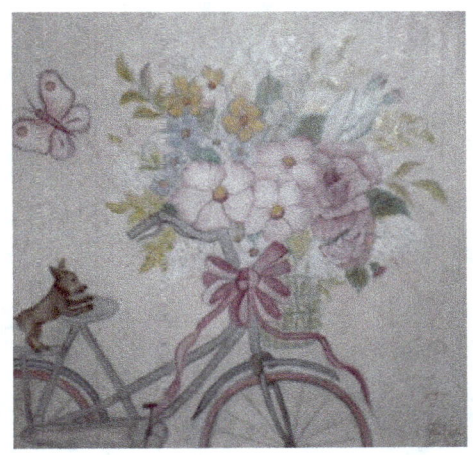

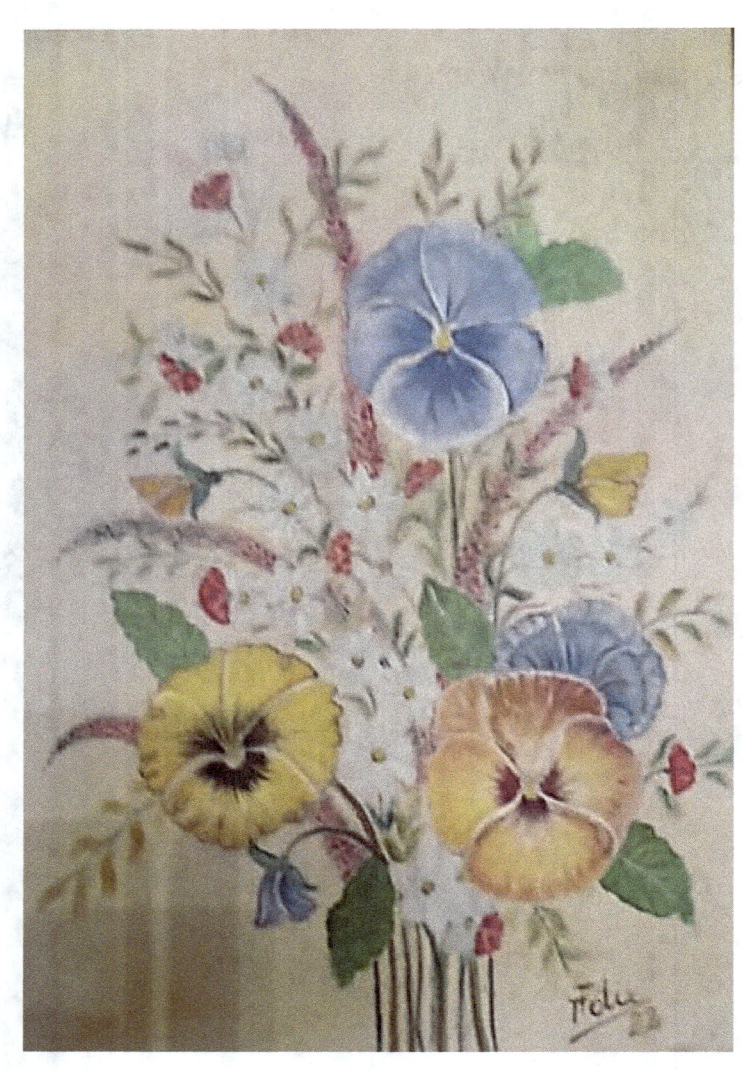

Queda de Amores

A vida é bem bonita

Se nela houver amor!

Mas vê a grande desdita

Se ela for de terror!...

Que lindo é o amor

Vivido na mocidade

Seja sentido ou flor!...

É dado com amizade

Mas o tempo vai passando

A paixão desaparece...

Pétalas se vão soltando

E tal amor já perece...

Água muito fresquinha
Vai correndo pelos leitos!...
Apesar de bem limpinha
Mostra amores desfeitos...

Mas a "Queda de amores"
Não deixa de ser bonita
Pois uma tela com flores
Pode ser a favorita

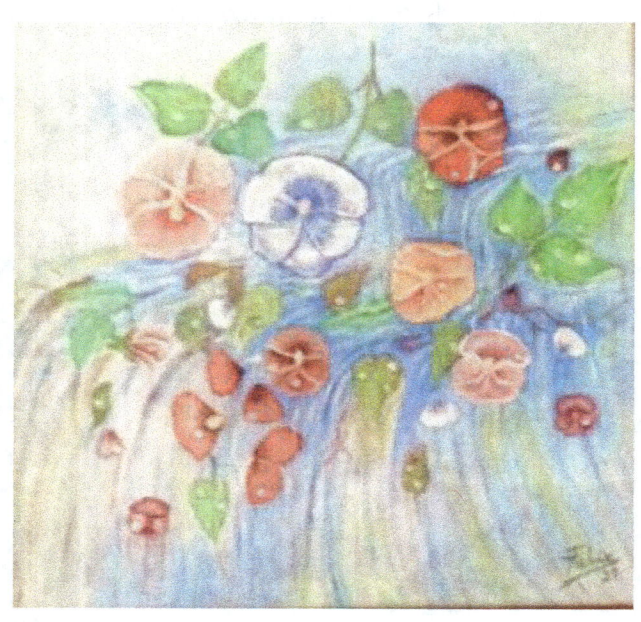

Que Pena!...

Estes trabalhos são feitos
Com amor e dedicação.
E que pena que eu tenho
Se os vejo pelo chão!...

São simples obras pequenas
Que vou fazendo ao serão.
Não são famosos os temas
Que me saíram da mão!...

Eu sei bem a quem os dei
E já são umas centenas!...
Na minha casa eu sei
Só restam umas dezenas!...

Há alguns que são paixões.

P´ra ter sempre em meu poder!

Mas surgem ocasiões,

Que não os posso reter.

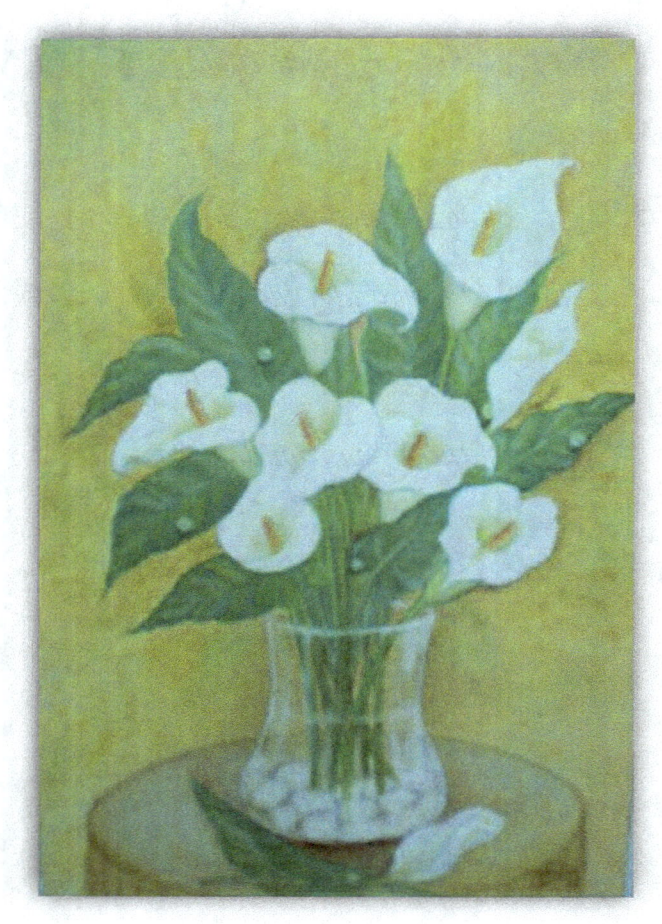

As Forças da Natureza

As forças da Natureza
Quem as pode controlar?
Cada qual tem a beleza
Que Deus deu, por nos amar!

A **Terra** é solo firme
Para me poder sentar
E o tempo que confirme
Se ali posso ficar!...

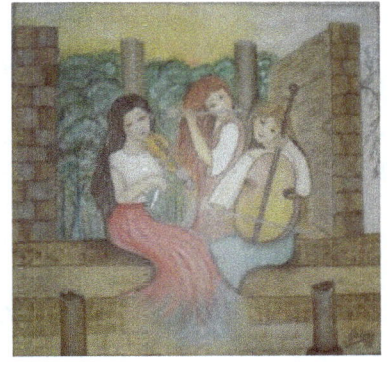

O **Ar** puro que respiro
É um dom vindo de Deus!...
Em movimento é giro
Arrasta coisas p´ro céu!...

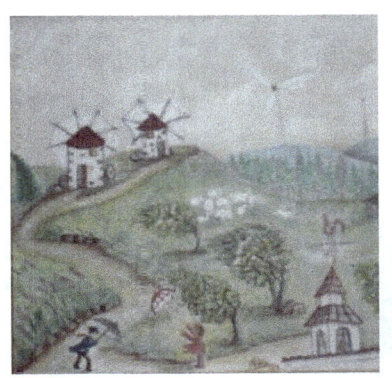

A **Água** desce no rio

E vai parar lá no mar!...

A neve vem com o frio

O vapor dança no ar!...

O **Fogo** é traiçoeiro, ...

Muito cuidado com ele! ...

Nem o pára o bombeiro,

E tantos já fogem dele!...

As forças da Natureza

Estão em «Anjos e demónios»

Dan Brown com sua leveza

No livro pôs seus neurónios!

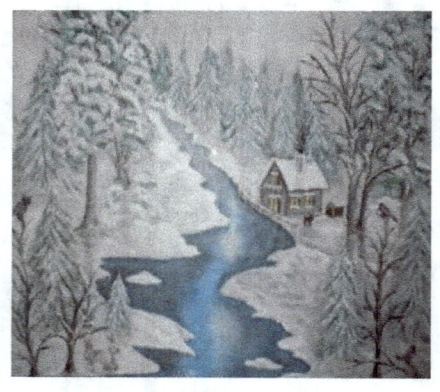
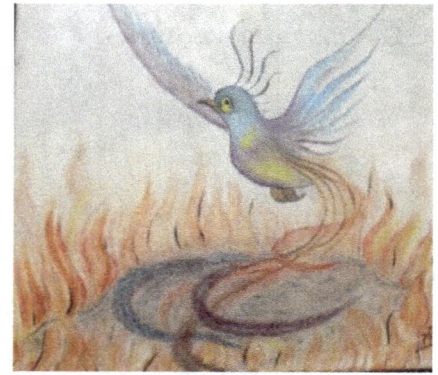

Estações do Ano

As estações de um ano

São quatro e bem velhotas!

Não sei se é por engano,

Já deram em porcalhotas!...

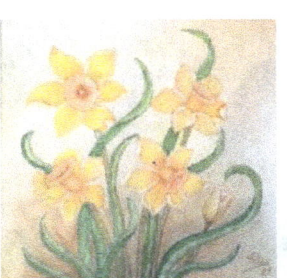

Todas elas, que fizeram?

Estão todas enroladas!...

Todas se misturaram

Estão todas baralhadas!...

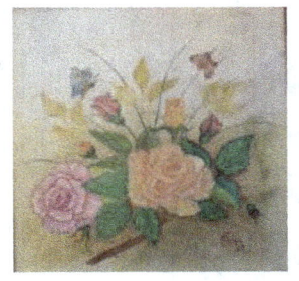

A neve cai no verão!

No inverno há sol quente!

Outono de casacão!

Primavera, tão doente! ...

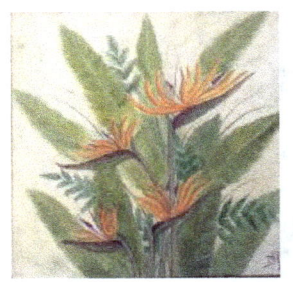

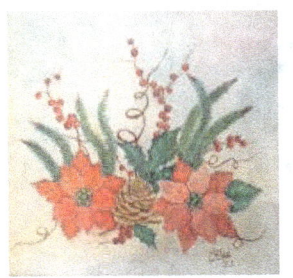

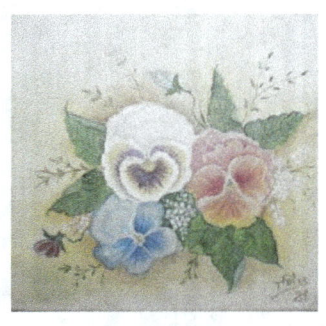

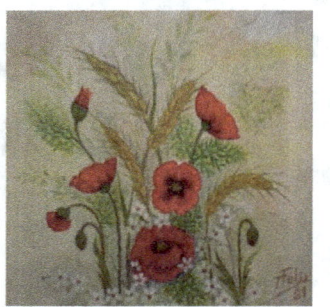

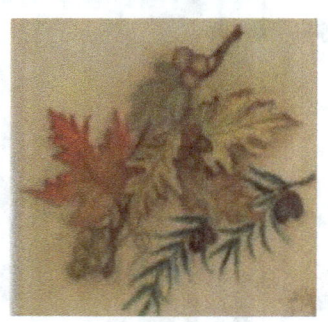

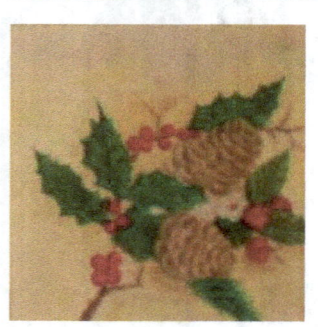

O mundo está virado

E não só as estações!

Olha bem o teu "telhado"!...

E vidas sem orações…

Mas no tempo ninguém manda

A não ser o Criador.

Evitando a demanda

De quem quer o seu favor

Uns querem o Sol na eira

Outos chuva no quintal!...

Tudo será à maneira

De quem não quer nosso mal!

Só para ver

Esta pintura foi dada
Para ficar no lugar
De outra que foi furtada...
Não queiram esta levar!...

O autor, já falecido
Não ia gostar de ver
Seu trabalho escolhido
Para num canto morrer...

Uma tela escondida
O seu valor vai perder
Deixem-na ter sua vida
Que todos a possam ver!...

"Reflexo" é o seu tema

E é só para se ver!...

Que ninguém mais sinta pena

De outra vir a perder…

Não sou pintora famosa,

Nem nunca pretendo ser,

Mas ficarei desgostosa,

Se não a voltar a ver!...

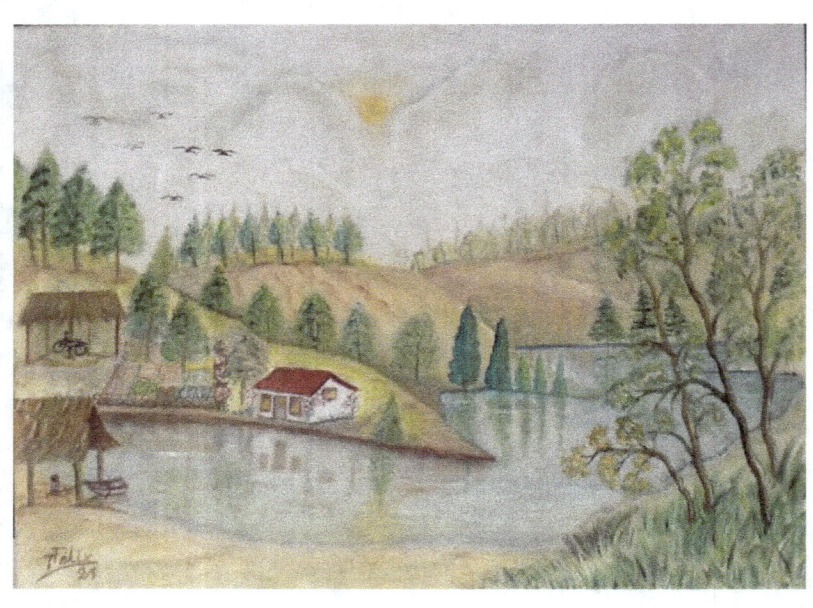

Cavalo Beirão

Eu cresci com animais.
São amigos a valer…
E na casa de meus pais
Sempre puderam crescer.

Vi cabra, porco e cão,
Peru, pato e galinha.
Mas havia um senão,
Acabavam na cozinha!

Vi que em casas bem finas
Gostavam de animais
E meu cavalo de crinas
Foi juntar-se aos demais!...

Para a serra caminhou,

Viver com Ana Sofia.

E em Seia pernoitou

Esperando novo dia…

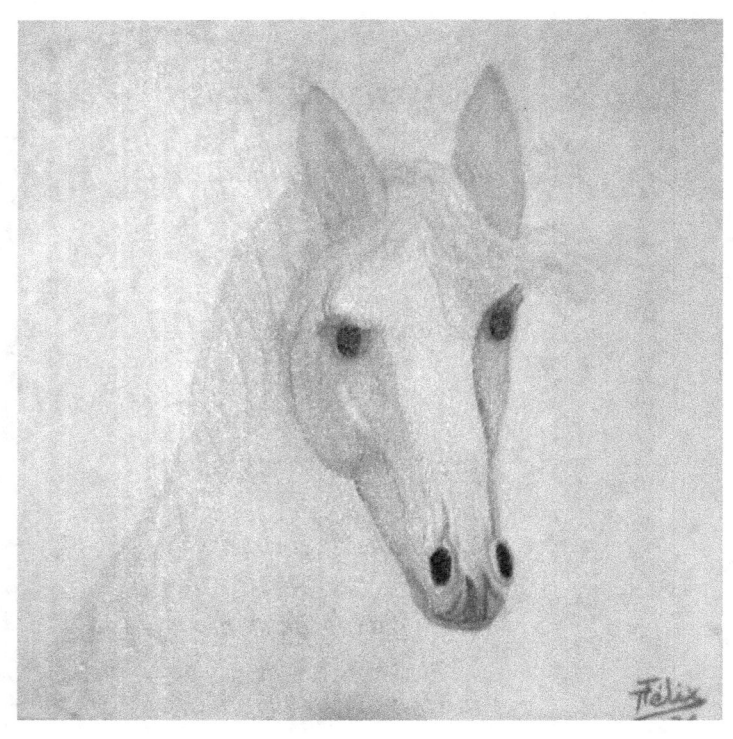

Em Fuga!...

Um casal de passarinhos
Fugiu da sua gaiola!
Voando devagarinho
Pareciam uns artolas!

Sua dona bem chamava!
Eles vinham de mansinho!
Este par esvoaçava,
Ali mesmo bem pertinho.

A gaiola foi mostrada
Para poderem entrar!
E nas mãos, bem elevada
Continha o seu chorar!...

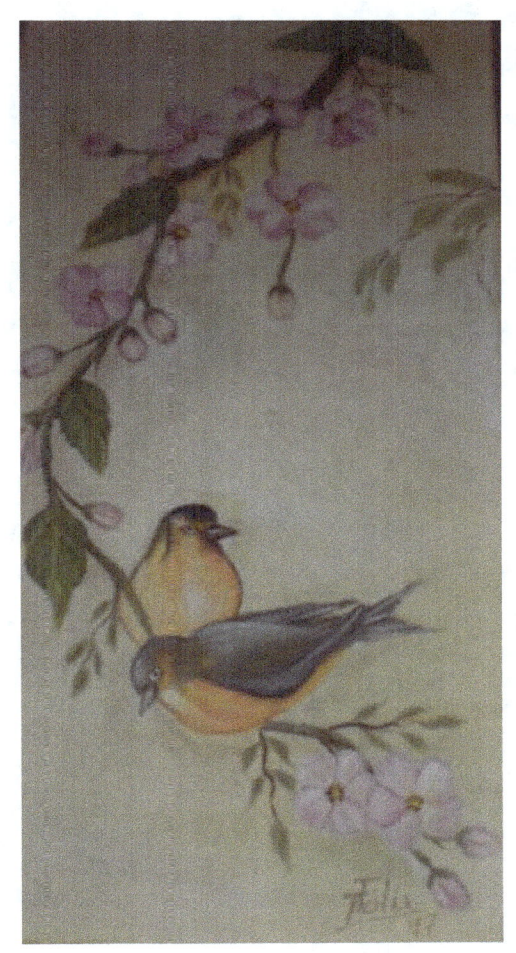

Saindo da sua rua
Continuou a chamar...
Verdade nua e crua!
Acabaram por voltar...

Os agapornis felizes
Voltaram à sua casa
E os donos infelizes
Mudaram logo de cara!

Voltaram tais animais?!...
Perguntas tu, eu e mais...
Sim, voltaram... é real!...
Sua vida não ia mal...

O amor e o carinho
A todos deve ser dado!
Pois um simples passarinho,
Confirma este ditado.

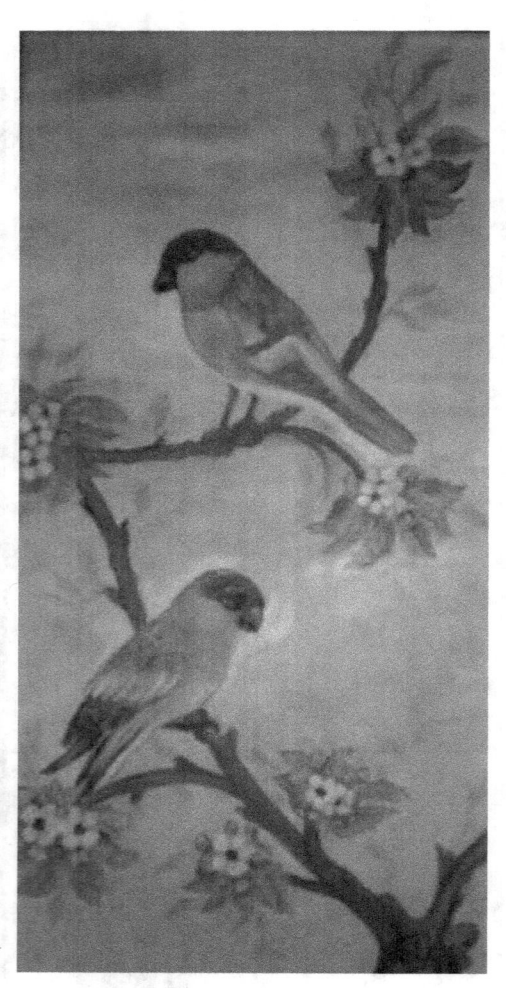

Lago de Cisnes

Os cisnes são tão branquinhos!

E gostam de bem nadar

Por vezes não são mansinhos,

Vamos lá acautelar!…

Houve um russo famoso,

Tchaikovski, bem conhecido

Deste tema tão airoso

Fez ballet mui divertido

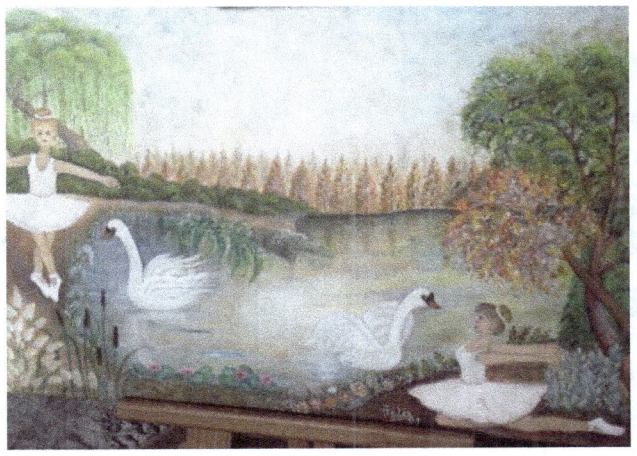

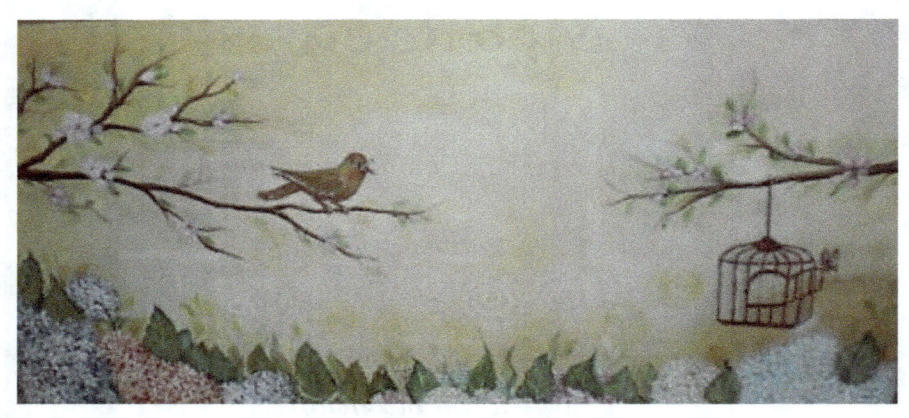

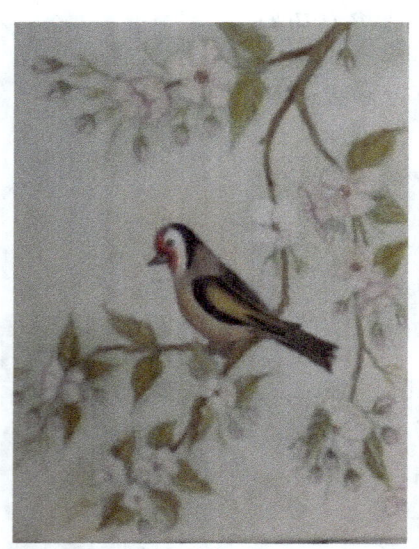
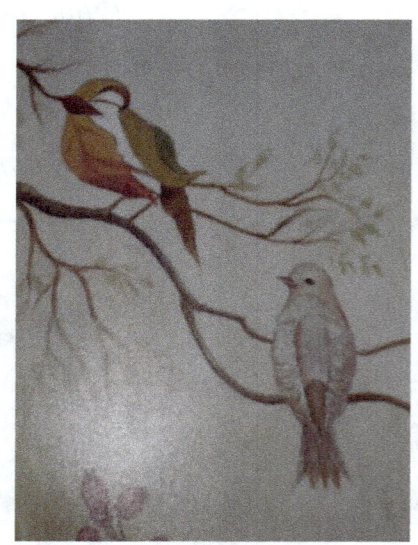

O Canto do Passarinho

Canta passarinho, ... canta.

O que tens no coração...

Canta fora da gaiola...

E faz agora teu ninho,

Bem longe do mariola,

Que te meteu na prisão.

Canta, passarinho, ...canta

Abre bem teu coração.

Mostra lá tua alegria,

Esquece quem mal te fez.

Canta de noite e de dia

Persiste, mais uma vez!...

Canta, passarinho, ... canta

Canta e volta a cantar.

Ninguém te faça calar…

Mostra bem o teu pensar…

Canta e torna a cantar

Canta passarinho canta!

Canta Passarinho canta

Canta e torna a cantar!

Para que toda "A Passarada"

Te possa acompanhar!

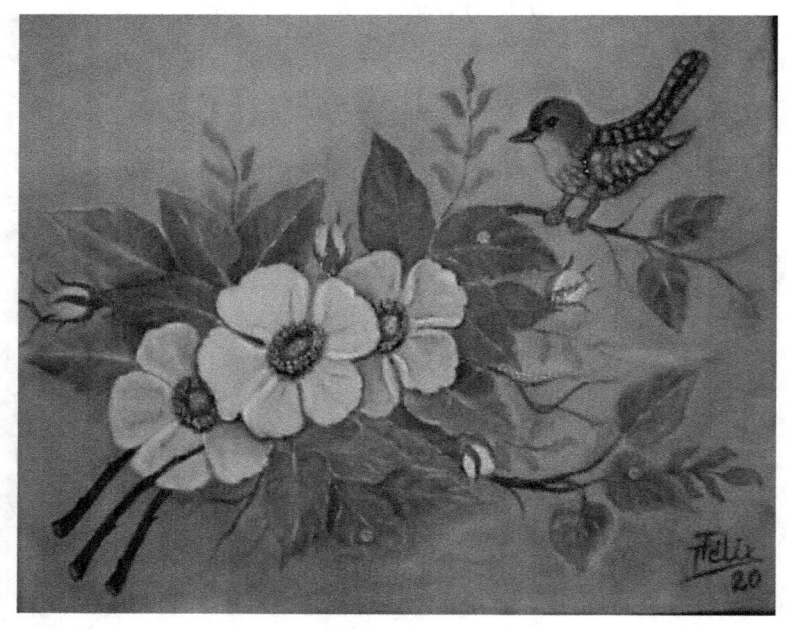

Voa, Voa Borboleta

Pousando de flor em flor

As borboletas dão beijos.

Assim recordo a Vera

que sentindo minha dor

Satisfez os meus desejos.

Obrigada pelo amor,

Palavras e companhia,

Com que me tentou mimar.

Ali senti muita dor

E vivi um triste dia.

Borboletas saltitantes

Que dais cor e alegria

Ide a todo o lugar,

E a todos os errantes

Melhorai seu dia-a-dia.

Vai de doente em doente ...

Vê em cada um, uma flor

Voa, voa borboleta ...

Mostra-te sorridente

E sempre com muito amor

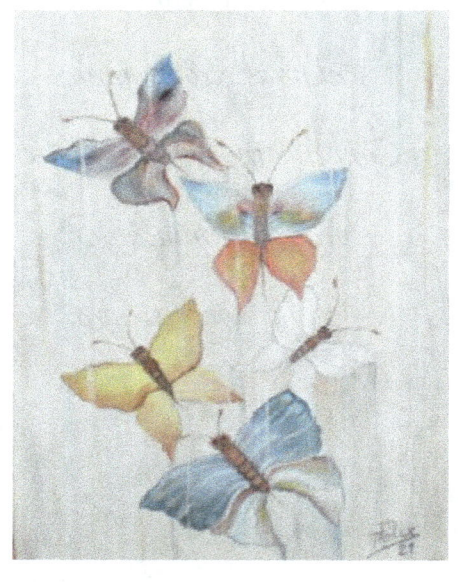

Farol

Farol é luz e é guia

Para quem ande sem norte.

Podendo dar alegria

A quem se sente sem sorte.

No meio de tanta gente,

Que aparece a sofrer

Muita alegria se sente

Se alguém te vai erguer!

Nesta vida sê farol,

Sê luz, sê guia, sê sol…

Não deixes de fazer bem,

Não digas não a ninguém.

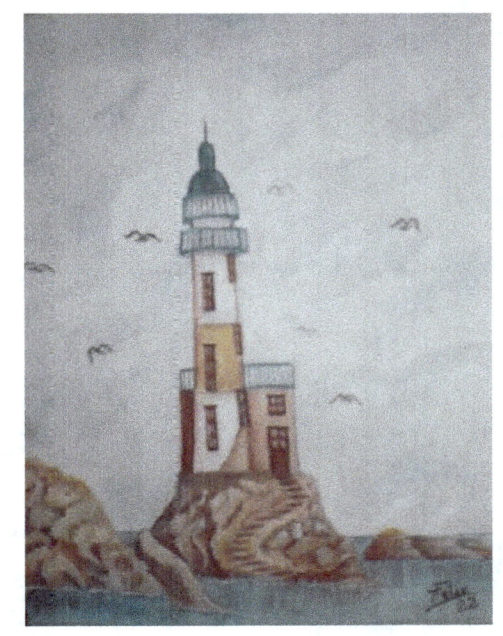

Brilhem as tuas virtudes

Como o sol no dia-a-dia.

E que tuas atitudes

Tragam sempre alegria

Alegria sabe bem.

Aqui é palavra forte.

Amor, aqui é também

Palavra de muita sorte!

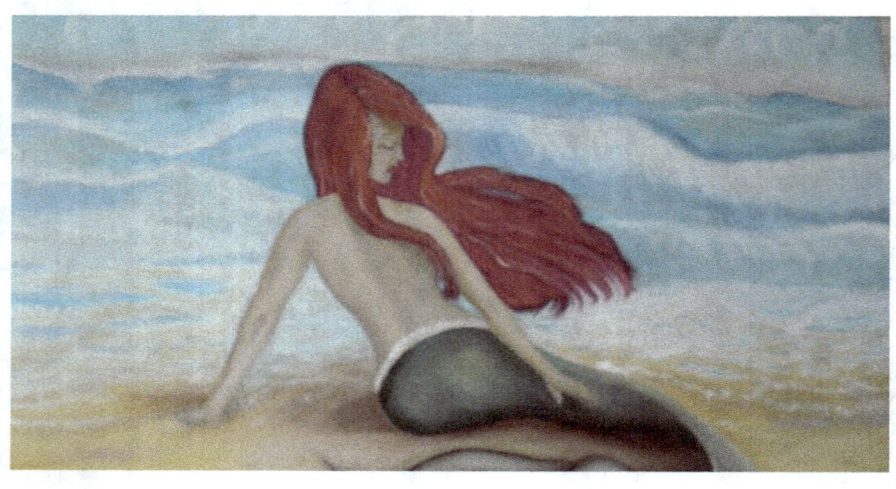

À Beira do Mar

Renoir me deu a ideia

De esta tela pintar.

Seja bonita ou feia

Surgiu à beira do mar

O mar me dá muita calma,

Sereno ou agitado...

Traz a paz à minha alma! ...

Ao vê-lo tão prateado!

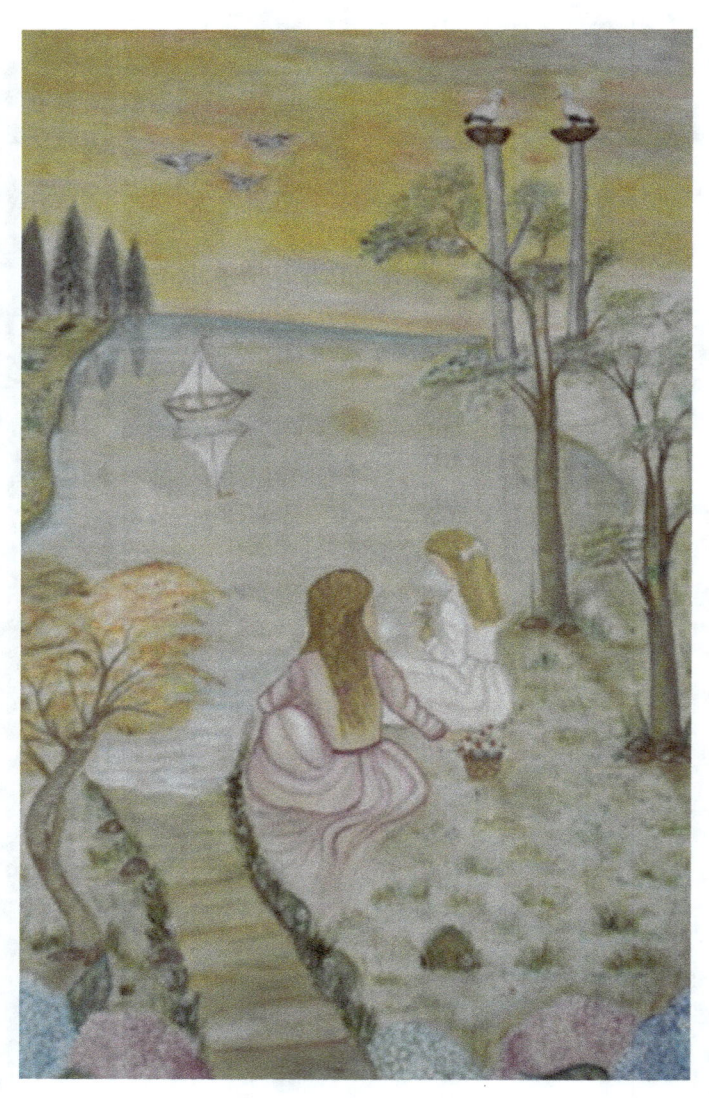

Perdido na Praia

Que fazes tu, meu menino

Sentado à beira mar?

Ainda és pequenino,

Pode a onda te levar!...

Tem cuidado, meu petiz!

Pois estar aqui sozinho,

Pode tornar infeliz

O pobre do teu paizinho...

Se me deres a tua mão,

Vamos os dois caminhar...

Aqui na Consolação

É fácil de t'encontrar!

Depois duma caminhada,
Chega por certo o cansaço.
Esta criança adorada,
Dorme, depois de um abraço...

E não durou muito tempo,
Que alguém o procurasse.
Mas se fosse ao destempo,
Talvez ele se afogasse!...

O muito cuidado é pouco,
Frase muito verdadeira,
Quem a esquece é louco
Não o quero à minha beira...

Quero ter ao meu redor
Gente que me faça ver,
E ensine com amor,
Quero morrer a aprender!...

Cantinhos do Lar

No meu lar há um cantinho

Onde posso descansar!...

Entrando no meu quartinho

Pensei em o enfeitar…

Uma pintura florida

Na parede eu coloquei!...

Mas há outra e garrida,

O que fica ali bem?!...

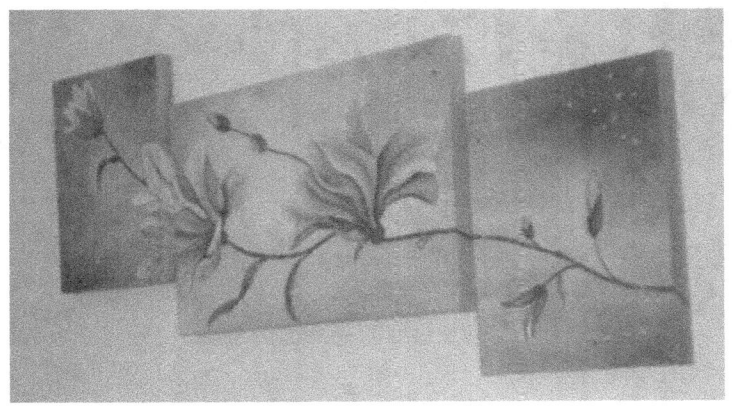

Tendo ido passear

Vi uma loja de tintas!...

Pensei logo em pintar!...

Uma árvore com pintas!

As pintas deram em flor,

Umas folhas acrescentei,

Pintei com uma só cor

E olha que até gostei!...

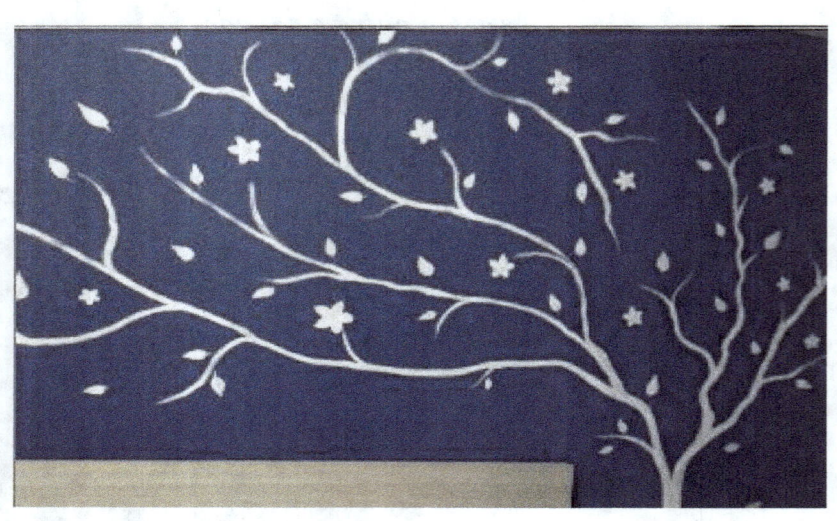

Tinha corredor comprido

Para ser bem decorado…

Meu desejo foi cumprido

Em trabalho alongado…

Comprei telas à medida,

Coloquei-as a meu gosto,

E dei por mim entretida

Em pleno mês de Agosto!

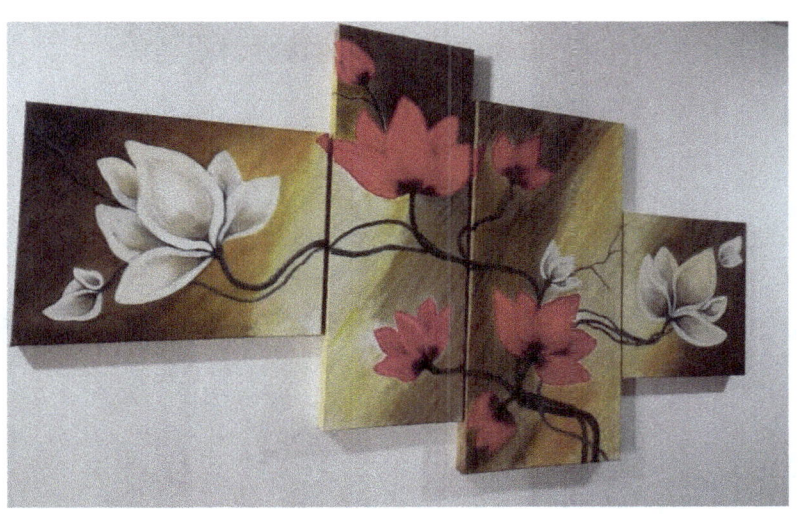

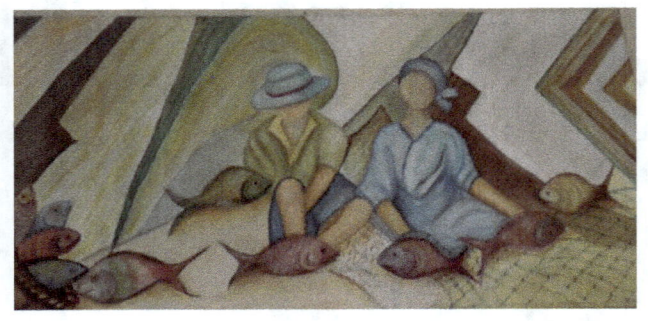

A cozinha precisava

De trabalho colorido,

Uma natureza morta

Outra com seres ao vivo!

A sala mesmo ao lado

Também deve ser prendada...

E com um quadro pintado

A sala foi decorada!

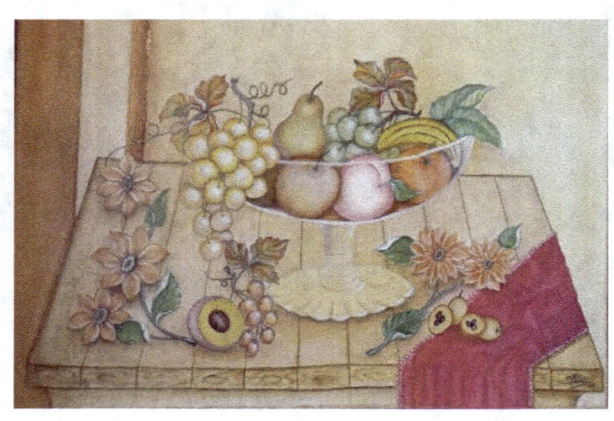

De Cabaça a Menina

Eu nasci em pleno campo

Muito verde e perfumado!

Amiga de pirilampo…

Tudo era estimado…

Tive tempos bem felizes.

Até que um certo dia,

Me soltaram das raízes.

E agora, que seria?

Fui parar numa parede,

Estatelada ao Sol!...

Havia ali uma rede,

Que prendia um girassol…

Ali tinha vizinhança,

Havia boas pessoas…

E veio uma criança

Dessas que são muito boas!...

Pegou-me na sua mão,

Tratando-me por menina

Mas que grande afeição

Eu vi nesta pequenina!...

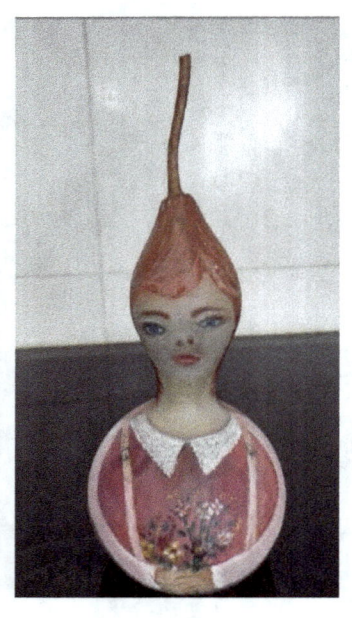

E p'ra linda cabacinha

Surgiu logo a ideia

Pôr o nome da vizinha

Mais doce lá da aldeia…

Goretti foi nome dado

Àquela cabaça linda!...

Um fato lhe foi pintado,

Tal tarefa já está finda…

Ramo de flores na mão
Daquelas mesmo ao lado,
Com o olho azulão,
Saiu um quadro pintado!...

De semente foi cabaça,
De cabaça foi menina,
A menina teve graça,
Por ser assim pequenina.

Teve lugar na cozinha,
Onde tudo pode ver
No centro de uma ilha
Onde está a viver.

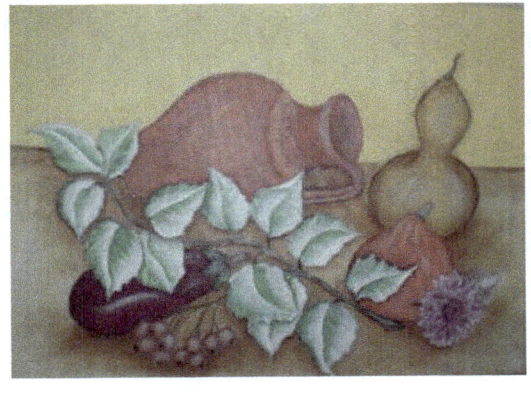

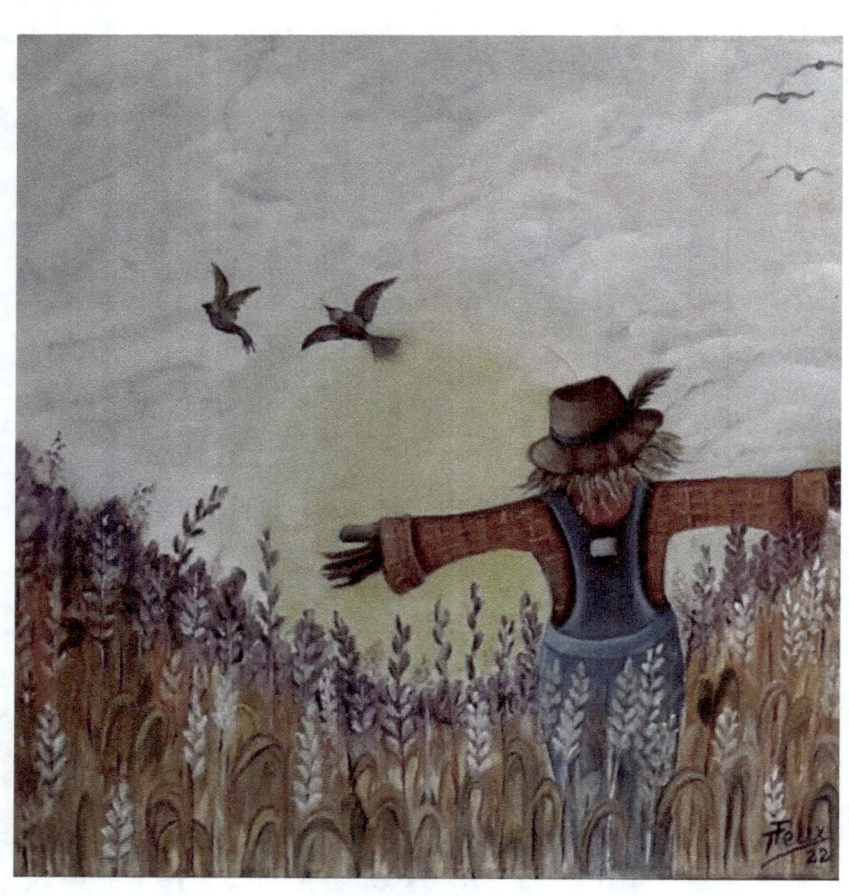

Amanhecer

De manhã ao levantar
Olho o sol pela vidraça!...
E que bom vê-lo brilhar,
Em quem cedo aqui passa!

Mas por vezes tem vergonha,
Não se querendo mostrar!
Mas sua cara risonha
Tem de nos vir alegrar!...

Sua cor é radiante.
O seu brilho é intenso
Seu calor é escaldante
E seu poder tão imenso!...

Trata bem a natureza,

Nela tudo faz crescer!...

E podes ter a certeza

Sem ele não há viver!...

Aproveita cada dia,

Sorri sempre no trabalho!...

Alegria é magia,

Não faças de espantalho!...

Espantalho não é gente

Não fala e não tem vida!...

É coisa que nada sente,

Figura empedernida.

Pôr do Sol

O verbo findar é feio,
Pois algo tem o seu fim.
Eu costumo ter receio,
Que o fim seja p'ra mim!...

Falemos do fim do dia,
Com a cor alaranjada!...
Este traz muita energia
A toda' a rapaziada!...

Quem está à beira-mar
Para ver o Sol partir?
Vê a cor do mar mudar,
Pois o astro vai dormir...

Dormir? Não, não pode ser!

Outra gente o espera...

Cedo vai aparecer

Do outro lado da Terra...

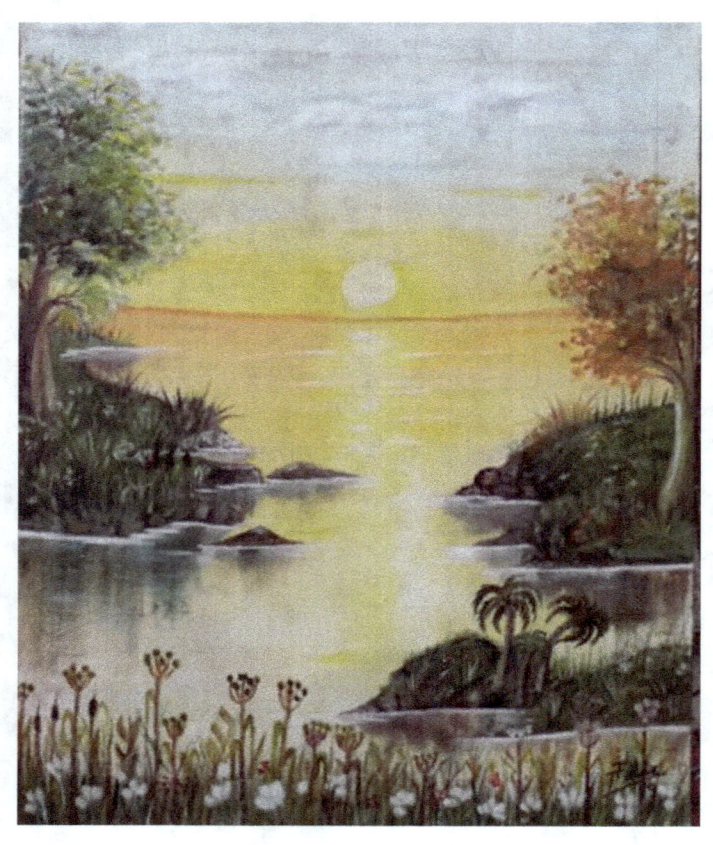

Entardecer

Que lindo entardecer
Na vida de muita gente!...
O Sol se vai esconder,
E o frio já se sente....

Olha que o ser humano
E todo o ser nascido,
Não podem mudar seu plano,
Com futuro definido!...

Anoitecer é morrer
É deixar a vida boa!
É mudar o seu viver
E deixar de ser pessoa!

Mas a vida no além
É por certo, bem melhor!...
No céu temos nossa Mãe,
Para nos dar seu amor!...

Este amor maternal,
Eu já estou a sentir!...
Sou filha de Mãe leal,
Por isso posso sorrir!...

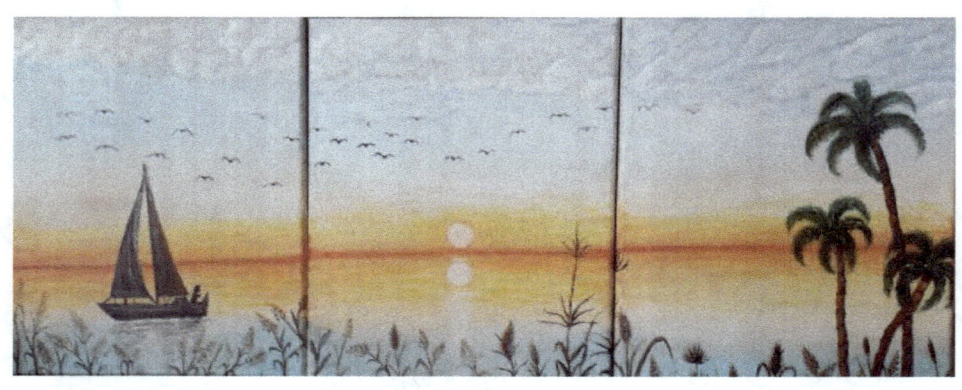

Lindas Flores

Eu quis pôr nas minhas telas
O colorido das flores!
Só não consegui pôr nelas,
Seu aroma!... só as cores!...

Sejam rosas ou papoilas,
Orquídeas ou amores,
Jarros ou mesmo lilás
São tão belas, ... pois são flores!...

São tão lindas no jardim!...
E se for numas jarrinhas?
Parecem olhar p'ra mim,
Depois de bem regadinhas!

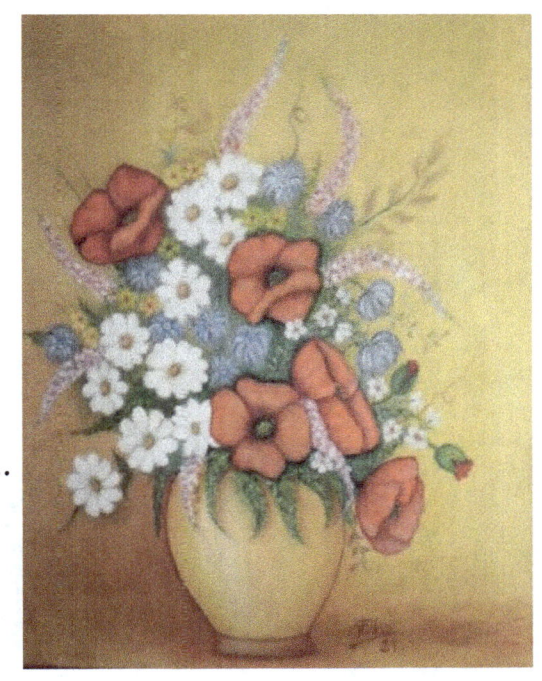

Eu não sei bem tratar delas.

Acabando por secar!...

Que pena!... eram tão belas!

E sem elas vou ficar!

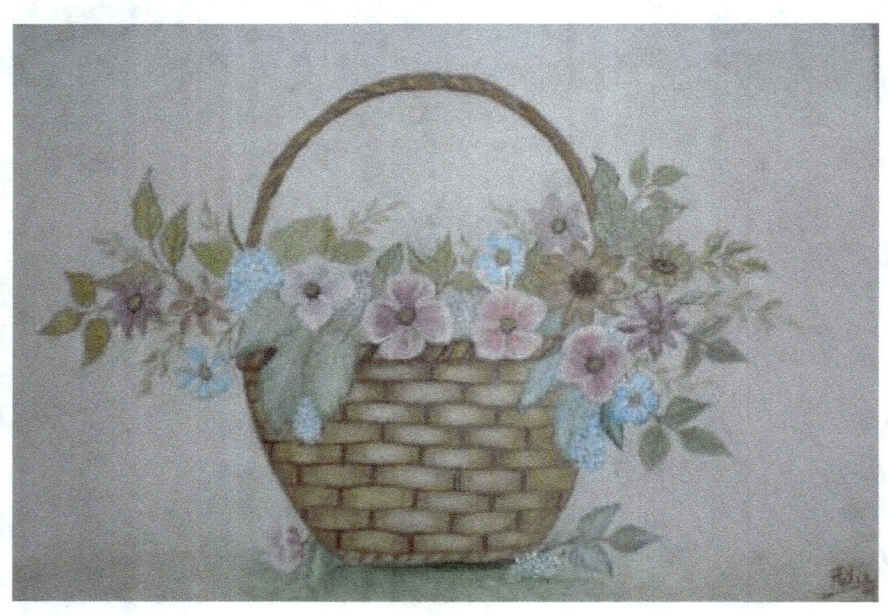

Orquídea

Esta orquídea é linda!

Quem me dera poder dar...

A uma vida que finda

E eu não posso salvar

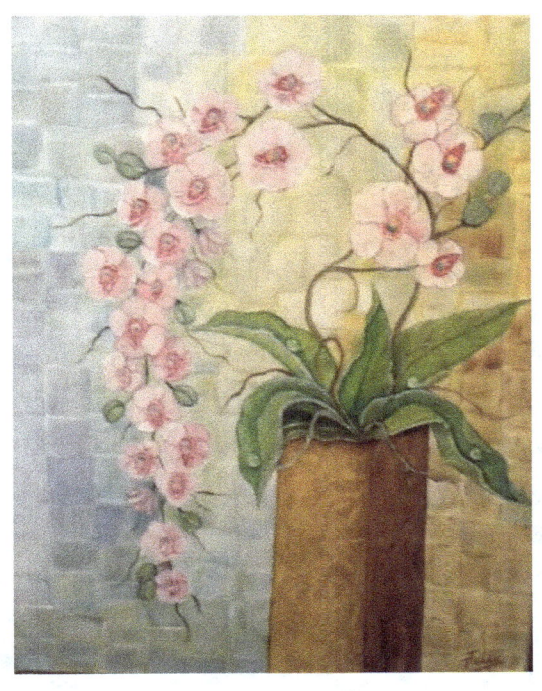

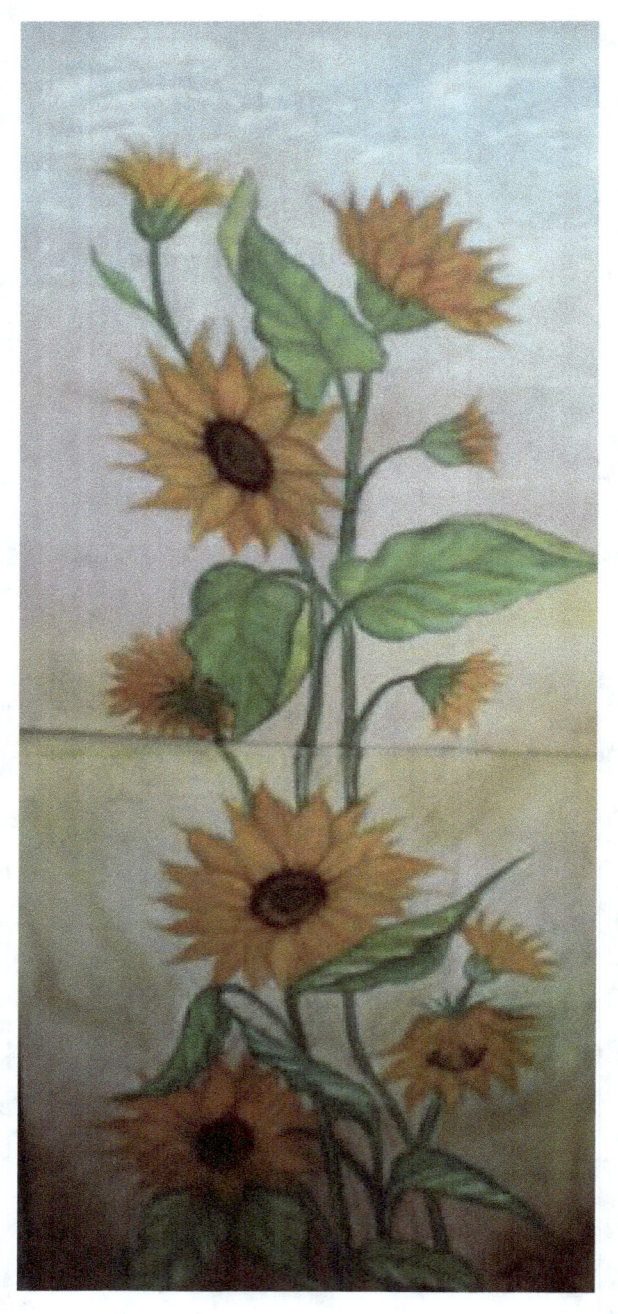

Girassol

Grande é o seu tamanho!

Viva é a sua cor!

Há quem ache bem estranho

O tamanho desta flor!...

Esta flor foi preferida

De um Santo mui famoso!

Por muitos é escolhida

Para bouquet amoroso!...

Padre Pio a abraça

Como fez aos pecadores...

Tantos tiveram a graça

De curar as suas dores...

Quem vira as costas ao Sol,

Sendo ele o astro-rei?!...

É o lindo Girassol

Que se curva para'o frei.

O frei de Pietrelcina

Aos doentes deu amor.

Tratou bem a medicina

E foi grande confessor.

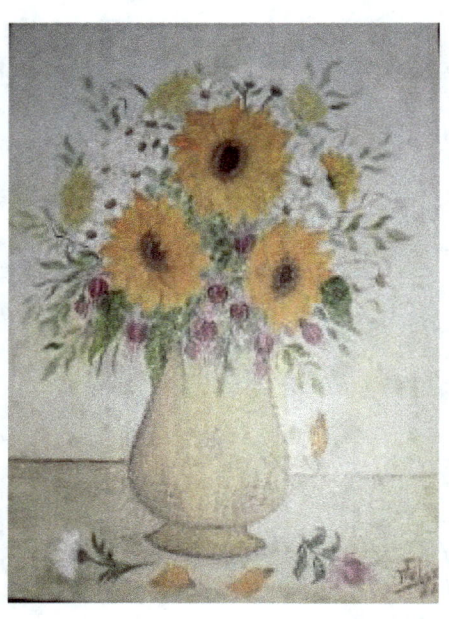 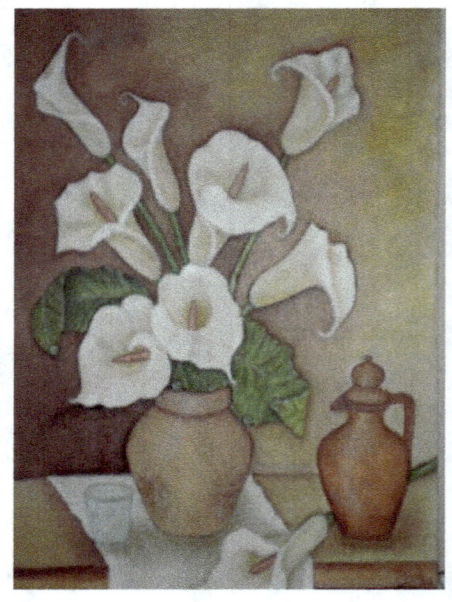

Saudade

A partida de um irmão
É uma dor infinita,
É partir o coração.
Sensação tão esquisita!...

A vida foi encurtada
Por vontade do Senhor!...
Quis levá-lo à amada
Que morreu com muita dor!...

Lá partiu par'o além...
Com Deus se foi encontrar.
Lá tem mulher, pai e mãe
Que o querem abraçar!...

Finalmente estão juntos

E que descansem em paz.

Passaram anos ... e muitos!

Luz para quem ali jaz...

Vejam bem que nesse dia

O verão até mudou!

Choveu, veio ventania, ...

A natureza chorou!

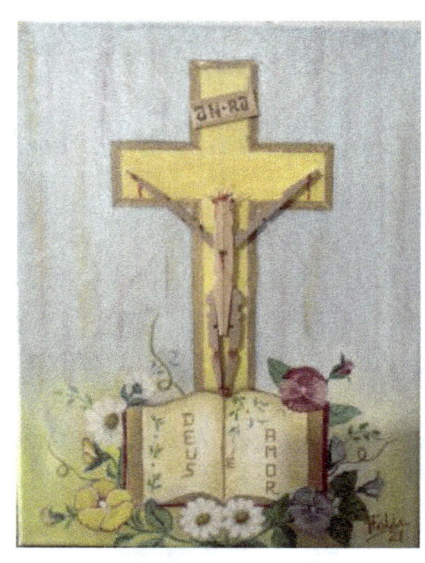

Livro ou Caderno

Seja livro ou caderno
Nele quero escrever,
Podendo ficar eterno
O que tenho para dizer.

Nasci em dias de inverno
Cresci em bom ambiente
Dizem que sou um ser terno
No meio de muita gente.

Fui crescendo pouco a pouco
E tanta coisa eu vi!...
Será que o povo está louco?
E eu nem me´apercebi...

Vi mentira, trapalhice, …

Falta d´ amor e justiça! …

Mágoas de meninice, …

Num mundo de injustiça …

E depois no dia-a-dia

Continuei sempre a ver

Burlões e malta vadia,

Que não merecem viver!...

Ó meu divino Senhor,

Olha por nós pecadores!...

Há tanta falta d' amor…

E tantos, tantos rancores!…

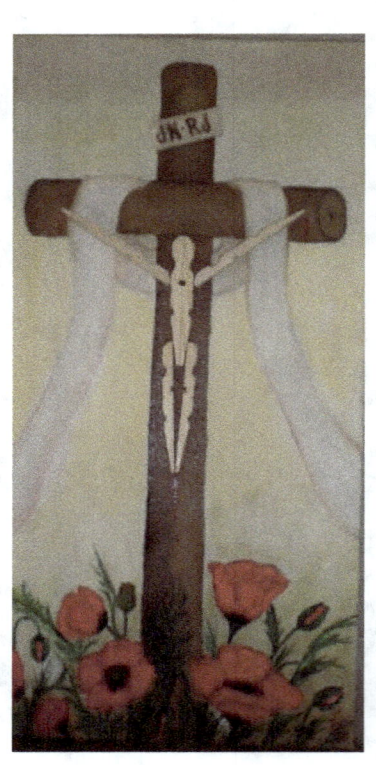

Eu não tenho ilusão

Sei que o mundo vai mudar

Saibamos pedir perdão

A quem nos pode salvar!

Agradecendo

As mãos, quero elevar

Para Ti ó meu Senhor...

Tenho louvores a dar

Por tanto, tanto amor!...

Minha vida está feita

Com muita e muita dor,

Mas eu estou satisfeita,

Pois nela, Deus pôs a cor!...

Já me senti a morrer,

Por falhar o coração...

Vi o meu querer, vencer

Depois de pedir perdão...

Vi a alma a sair

Deste corpo pecador...

Senti a vida fugir

E não tive qualquer dor!

Branca nuvem foi saindo

Cá de dentro do meu peito...

E com um gesto bem lindo

Permaneci no meu leito.

Estendi as minhas mãos

E a nuvem agarrei...

Os gestos não foram vãos

E da morte me livrei.

Esta nuvem tinha forma,

Semelhante ao meu corpo...

E a vida a mim torna,

Pois a alma volta ao corpo!...

Mais um milagre se deu!...

Como disse o doutor,

Nunca tal aconteceu!...

Foi obra do Criador!...

Já é tempo de findar

Este sincero poema,

A todos vou desejar

Muita paz, que é meu lema.

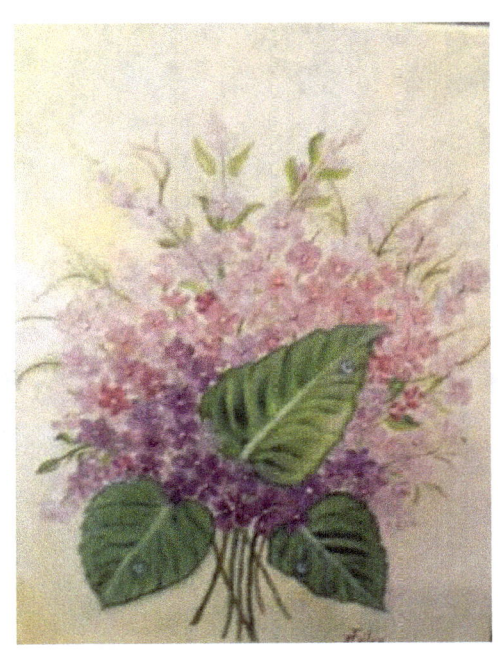

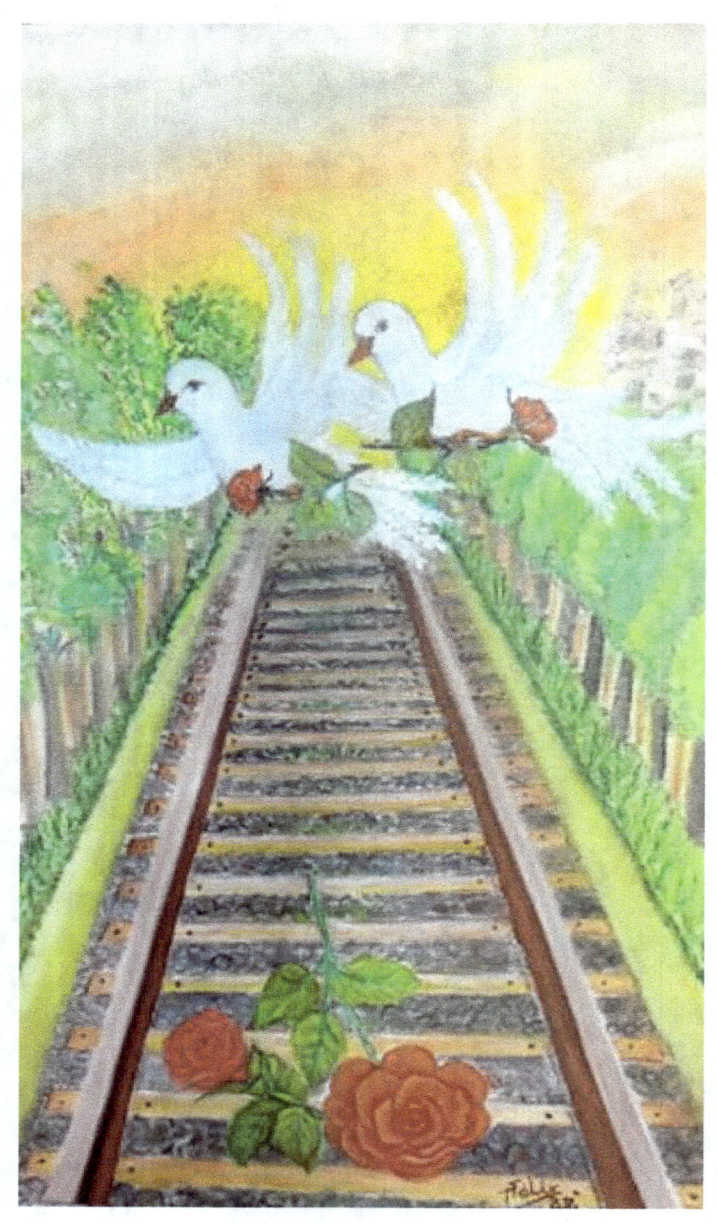

Tirar o Chapéu

À nossa Academia,

O chapéu, eu vou tirar…

Ali temos alegria,

No inglês e na pintura,

No teatro a figurar,

No Yoga e literatura,

Estanho e cavaquinho,

Bordados e espanhol

E outros mais a caminho,

Olha o canto coral!

Património e artes…

Todos têm nosso aval

E nada vai correr mal.

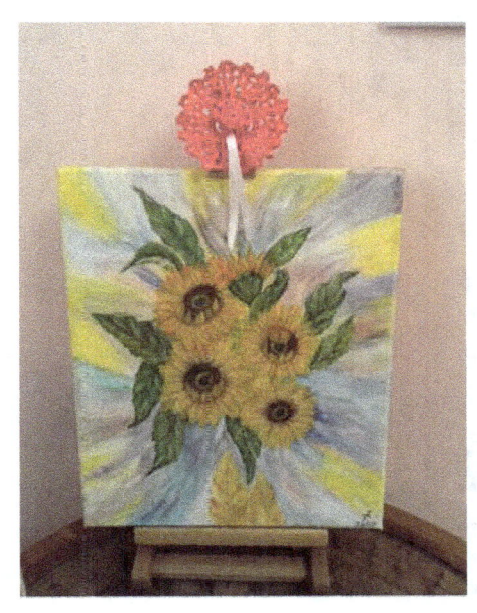

Uma publicação

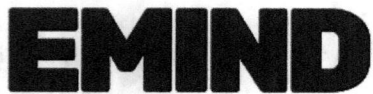

**A CRIAR UMA MEMÓRIA FUTURA
DE UM PASSADO PRESENTE**

www.ingramcontent.com/pod-product-compliance
Lightning Source LLC
Chambersburg PA
CBHW060416220526
45465CB00008B/2909